CARL FRIEDRICH VON SIEMENS STIFTUNG · THEMEN BD. 91

Horst Dreier

Gilt das Grundgesetz ewig?

Herausgegeben von Heinrich Meier

HORST DREIER

Gilt das Grundgesetz ewig?

Fünf Kapitel zum modernen Verfassungsstaat

Carl Friedrich von Siemens Stiftung
München

Zu den Abbildungen

Umschlagabbildung: Am 9. November 1989 öffnet die DDR ihre Grenze nach Westberlin und zur Bundesrepublik; nach 28 Jahren fällt die Mauer. Bewohner aus West- und Ostberlin stehen auf der Mauerkrone am Brandenburger Tor; Presse- und Informationsamt der Bundesregierung/Foto Klaus Lehnartz.

Seite 13: Fogg Art Museum, Harvard University Art Museums, USA.
Seite 33: Collection of the New-York Historical Society, USA;
beide The Bridgeman Art Library.
Seite 49: Stadtarchiv Weimar 63 1-M/1/Foto Louis Held.
Seite 65: Presse- und Informationsamt der Bundesregierung/
Foto Georg Munker.
Seite 83: dpa-Report/Foto Wolfgang Kumm.
Seite 103: akg-images/Foto Erich Lessing.

Stark erweiterte Fassung eines Vortrags, der am 20. November 2008 in der Carl Friedrich von Siemens Stiftung gehalten wurde.
Der Abend wurde geleitet von Professor Dr. Peter Lerche.

Inhalt

I. Verfassunggebung *7*

II. Verfassungsänderung *35*

III. Verfassungsverewigung *57*

IV. Verfassungsablösung *78*

V. Verfassungssakralisierung *98*

Über den Autor *115*

»Themen«

Eine Publikationsreihe
der Carl Friedrich von Siemens Stiftung *117*

Für
Hasso Hofmann
zum 75. Geburtstag
in Dankbarkeit

I. Verfassunggebung
Der Verfassungsstaat zwischen Wille und Wahrheit

1. »Wahrheiten für alle Zeiten und für alle Länder«

Bei den Beratungen zur französischen Erklärung der Menschen- und Bürgerrechte im August 1789 rief ein Mitglied der Nationalversammlung aus: »Ihr habt eine Erklärung gewollt für alle Menschen, für alle Nationen. Das ist die Verpflichtung, die ihr im Angesichte ganz Europas übernommen habt. (...) man darf hier nicht davor zurückschrecken, Wahrheiten für alle Zeiten und für alle Länder auszusprechen.«[1]

Diese stolze Formulierung belegt nicht nur ein weiteres Mal das rhetorische Feuer und mitreißende Pathos der Französischen Revolution. Sie spricht im Grunde selbst eine (tiefe) Wahrheit aus, nämlich das Wissen der Akteure um die Tragweite des von ihnen ins Werk gesetzten gewaltigen Umsturzes. Man handelte in der sicheren Gewißheit, eine neue Epoche der Geschichte einzuläuten, und die Zeitzeugen und auswärtigen Beobachter dachten genauso.[2] Kant sah darin nichts Geringeres als ein »Geschichtszei-

1 So der Abgeordnete Duport am 18. August 1789. Zitiert nach: J. Mavidal/E. Laurent/E. Clavel (eds.): *Archives Parlementaires de 1787 à 1860. Recueil Complet des Débats Législatifs & Politiques des Chambres Françaises, Première Série (1789 à 1799)*, Bd. VIII. Paris 1875, S. 451: »vous avez voulu enfin une déclaration convenable à tous les hommes, à toutes les nations. (...) il ne faut pas craindre ici de dire des vérités de tous les temps et de tous les pays.« Zum Hintergrund Marcel Gauchet: *Die Erklärung der Menschenrechte*. Reinbek 1991, S. 147 ff.

2 Eine Fülle von Belegen bietet Wolfgang von Hippel (Hg.): *Freiheit, Gleichheit, Brüderlichkeit?* München 1989. Die ebenso vielfältigen wie tiefreichenden sozialen, politischen und ökonomischen Ursachen können im folgenden nicht näher erörtert werden.

chen«, das nicht wieder vergessen werden könne,[3] und Hegel pries die Revolution von 1789 in hochgestimmten Worten: »Solange die Sonne am Firmamente steht und die Planeten um sie herumkreisen, war das nicht gesehen worden, daß der Mensch sich auf den Kopf, d.i. auf den Gedanken stellt und die Wirklichkeit nach diesem erbaut.«[4]

Das fundamental Neue war: Es ging nicht, wie so oft in der Geschichte, um die Durchsetzung überlieferter historischer Rechte und auch nicht lediglich um eine neue Grenzregulierung zwischen etablierten politisch-sozialen Machtträgern, wie sie über die Jahrhunderte etwa in den *leges fundamentales* Gestalt gewonnen hatten.[5] Wider alle Geschichtlichkeit des positiven Rechts im allgemeinen und die bunte Privilegienwelt des Ancien Régime im besonderen wurden, wie Hasso Hofmann es ausgedrückt hat, Grundsätze »einer individualistisch radizierten Sozialphilosophie«[6] ausformuliert, wurden neben bestimmten Prinzipien der Staatsorganisation vor allem Freiheit und Gleichheit aller Menschen postuliert. Die gleiche Freiheit aller

3 Immanuel Kant: *Der Streit der Fakultäten* (1798), in: *Akademie-Ausgabe*, Bd. VII. Berlin 1907, S. 1-116 (84). Dazu statt aller Birgit Recki: *Fortschritt als Postulat und die Lehre vom Geschichtszeichen*, in: Volker Gerhardt (Hg.): *Kant im Streit der Fakultäten*. Berlin–New York 2005, S. 229–247 (240 ff.) mit dem treffenden Hinweis, daß Kant das Geschichtszeichen vor allem in der Reaktion des anteilnehmenden Publikums und nicht so sehr oder gar ausschließlich in der Revolution selbst sah.

4 Georg Friedrich Wilhelm Hegel: *Vorlesungen über die Philosophie der Geschichte* (Theorie-Werkausgabe, Bd. 12). Frankfurt/M. 1986, S. 529, wo es weiter heißt: »Es war dieses somit ein herrlicher Sonnenaufgang. Alle denkenden Wesen haben diese Epoche mitgefeiert.«

5 Dazu nur Heinz Mohnhaupt: *Von den »leges fundamentales« zur modernen Verfassung in Europa* (1998), in: ders.: *Historische Vergleichung im Bereich von Staat und Recht*. Frankfurt/M. 2000, S. 35–72.

6 Hasso Hofmann: *Geschichtlichkeit und Universalitätsanspruch des Rechtsstaats*, in: Der Staat 34 (1995), S. 1–32 (18).

unabhängig von Rang, Stand oder korporativer Zugehörigkeit (noch nicht aber von Geschlecht oder Hautfarbe) wird nun zum Angelpunkt des politischen Gemeinwesens erklärt. Das bedeutete in der Sache eine furiose Depossedierung des historisch Überkommenen, des blinden Voluntarismus der *iura et libertates* und des wackeligen Gewohnheitsrechts mit seinen fragwürdigen Rechtstiteln, eine Zertrümmerung der tiefgestaffelten Hierarchie der Obrigkeiten.[7] Man ist nicht frei durch Privilegien, sondern durch Rechte, die allen gehören, schrieb programmatisch der Abbé Sieyes in seiner epochemachenden, zunächst anonym erschienenen Abhandlung über den Dritten Stand vom Januar 1789, einem Meilenstein der Verfassungstheorie.[8] Unter Rückgriff auf die auch von ihm immer wieder thematisierten ursprünglichen Prinzipien einer jeden Gesellschaft wagte die französische Nationalversammlung die Verkündung ewiger Wahrheiten, wobei die »Allgemeingültigkeit weder die Frucht einer besonderen Genialität noch das Zeichen einer spezifischen Wirklichkeitsfremdheit«[9] war, sondern reflektierte Reaktion auf eine außergewöhnliche politische Situation samt ihren tiefliegenden sozial-

7 Eindringlich Bernhard Groethuysen: *Philosophie der Französischen Revolution* (1956). Frankfurt/M. 1975, S. 118 ff.

8 *Qu'est-ce que le Tiers état?* Dieser Text wird im folgenden zitiert nach der deutschen Übersetzung in: Emmanuel Joseph Sieyes: *Politische Schriften 1788–1790*, übersetzt und herausgegeben von Eberhard Schmitt u. Rolf Reichardt. 2. Aufl. München–Wien 1981, S. 117–195 (126). – Ich folge der Schreibweise des Namens ohne accent mit der Ausnahme, daß ein zitiertes Werk den Namen mit accent anführt.

9 Marcel Gauchet: *Menschenrechte*, in: François Furet/Mona Ozouf (Hg.): *Kritisches Wörterbuch der Französischen Revolution*. Frankfurt/M. 1996, S. 1180–1198 (1189). Auch der Gestus des bloßen ›Erinnerns‹ diente der Abdunkelung des eigentlich revolutionären Tuns und dessen Legitimierung.

ökonomischen Ursachen. Der Kontingenz der Historie stellt man die Konstanz der Philosophie entgegen – und übersetzt »das rationale Naturrecht im Zeichen der Aufklärung innenpolitisch in revolutionäre Praxis«.[10] Der konstruktiv-analytische Individualismus des Vernunftnaturrechts gewinnt so staatskonstitutive Funktion.

Der reklamierte Wahrheitsanspruch bezog sich in erster Linie auf die Rechte-Erklärung, also die »Déclaration des droits de l'homme et du citoyen« vom 26. August 1789. Schon deren Bezeichnung ist vielsagend. Es handelt sich um eine Deklaration, eine Erklärung, nicht um eine Rechtsetzung im engeren Sinne.[11] Die Erklärung war Dokument der Verkündung unverlierbarer sozialphilosophischer Einsichten,[12] eher konstatierend als regulierend. Daher rührt ihr besonderer Status als »Über-Verfassungsnorm«.[13] Einer der maßgeblichen Abgeordneten der Nationalversammlung, Thouret, erläuterte die Bedeutung der Erklärung im Jahre 1791 rückblickend noch einmal ausdrücklich dahingehend,

10 Hasso Hofmann: *Zur Herkunft der Menschenrechtserklärungen* (1988), in: ders.: *Verfassungsrechtliche Perspektiven*. Tübingen 1995, S. 3–22 (16). Siehe Jürgen Sandweg: *Rationales Naturrecht als revolutionäre Praxis*. Berlin 1972. Der praktisch-politische Bezug war den Abgeordneten bewußt, denen klar war, daß es nicht nur darum ging, »einige natürliche Wahrheiten abstrakt zu verkünden, sondern darum, ganz konkret die Umgestaltung der Gesellschaft in Angriff zu nehmen« (Gauchet: *Menschenrechte* [Fn. 9], S. 1189).

11 Hofmann: *Herkunft* (Fn. 10), S. 16. Zu den daraus resultierenden Interpretationsproblemen nur Michel Troper: *Deklaration oder Konstitution von Rechten*, in: *Festgabe für Kazimierz Opalek zum 75. Geburtstag*. Berlin 1993, S. 57–73 (insb. 67 f.).

12 Einschlägige Belege für diese Sichtweise bei den Akteuren finden sich etwa bei Sigmar-Jürgen Samwer: *Die französische Erklärung der Menschen- und Bürgerrechte von 1789/91*. Hamburg 1970, S. 103 ff., 130 ff. u. ö.; Troper: *Deklaration* (Fn. 11), S. 70 f. (Sieyes, Lafayette).

13 Rainer Wahl: *Rechtliche Wirkungen und Funktionen der Grundrechte im deutschen Konstitutionalismus des 19. Jahrhunderts*, in: Der Staat 18 (1979), S. 321–348 (327).

es sei um die bloße Feststellung der Anerkennung der Menschen- und Bürgerrechte gegangen, welche als Vorgabe und Leitbild für die nachfolgenden positivrechtlichen Regelungen der Verfassung dienten, die jene Rechte effektiv und verbindlich zu sichern hätte.[14] Die Deklaration ist also nicht selbst bereits vollgültige oder gar vollzugsfähige Rechtsnorm. Das macht sie in ihrer Präambel deutlich, wenn dort von einer »feierlichen Erklärung« der Menschenrechte die Rede ist, die der Unkenntnis, dem Vergessen oder der Mißachtung anheimgefallen seien. Der Rekurs auf die vorgeblich schon immer existente, tatsächlich aber jetzt erst politisch erkämpfte Vorstellung unveräußerlicher Menschenrechte findet seine Grundlage in der tiefen Überzeugung von der Gültigkeit bestimmter philosophischer Grundsätze. Da deren Darlegung das eine, ihre juristische Sicherung etwas anderes ist, wurden in der Verfassung von 1791 die Rechte noch einmal präzisierend, partiell auch durchaus variierend aufgeführt – eine überflüssige Verdoppelung, wenn die Deklaration schon die Rechtsgarantie beinhaltet hätte.[15]

Diese Differenzierung zwischen der vorangestellten »Erklarung« als Ausdruck der Gewißheiten des rationalen Naturrechts und dem eigentlichen Rechtsdokument der

14 Zitiert bei Samwer: *Erklärung* (Fn. 12), S. 220: »Votre Déclaration se borne de constater cette reconnaissance (des droits de l'homme et du citoyen), pour servir de règle à la Constitution, à la legislation, à l'exercice du pouvoir exécutif.«; vgl. auch ebd., S. 218: Ergänzung der »simple reconnaissance« der Rechteerklärung durch die »garantie formelle« der Verfassung.

15 Hasso Hofmann: *Zur Idee des Staatsgrundgesetzes*, in: ders.: *Recht – Politik – Verfassung*. Frankfurt/M. 1986, S. 261–295 (285 f.); ders.: *Herkunft* (Fn. 10), S. 18. Troper: *Deklaration* (Fn. 11), S. 67: »Wäre die Deklaration selbst ein Korpus von Vorschriften, wäre natürlich der erste Titel eine unnütze Wiederholung.« Vor allem, aber nicht allein einschlägig ist insofern Titel I der Verfassung von 1791. Vertiefend zur seinerzeitigen Debatte in der Nationalversammlung Egon Zweig: *Die Lehre vom Pouvoir Constituant*. Tübingen 1909, S. 240 ff.

Verfassung erlaubte es auch, den Text der Deklaration von jeglicher Revisionsmöglichkeit freizuhalten. Gegenläufige Vorschläge erwiesen sich schon im August 1789 als erfolglos und wurden in der Revisionsdebatte zur Erklärung aus dem Jahre 1791 mit dem Hinweis abgewiesen, die Erklärung habe mittlerweile (also innerhalb von zwei Jahren!) »einen geheiligten und religiösen Charakter angenommen«; Änderungen seien gefährlich.[16] Und in der Tat demonstriert schon die Bildsprache der dezidiert antiklerikalen Revolutionäre die quasi-religiöse Erhöhung der Deklaration von 1789: wurden doch die 17 Artikel gern ganz nach dem Vorbild der Präsentation der zehn Gebote durch Moses als in zwei große Steinblöcke eingemeißelt dargestellt.[17] Zudem war in deren Präambel, als deren eigentlicher Verfasser Sieyes gelten darf, von natürlichen, unveräußerlichen und heiligen Rechten des Menschen die Rede (*les droits naturels, inaliénables et sacrés de l'homme*), und der letzte, dem Eigentumsrecht gewidmete Artikel apostrophierte es im Unterschied zu allen anderen explizit als *inviolable et sacré*. Gleichviel, ob man hierin eine eher säkularisierende »revolutionsmythische Verdiesseitigung« des einstmals göttlichen Gesetzes oder eine eher sakralisierende »heilsnotwendige Theologisierung des Revolutionsgesetzes« sehen mag:[18] die Präsentation der philosophischen Wahrheiten in Gestalt der Rechte-Erklärung ähnelt sich nicht zuletzt in ihrer »epigrammatischen Theatralik«

16 Gauchet: *Erklärung* (Fn. 1), S. 39; Samwer: *Erklärung* (Fn. 12), S. 212 f., 219. Für eine Revisionsmöglichkeit focht vor allem Condorcet; siehe Sandweg: *Naturrecht* (Fn. 10), S. 254 f.; Stephan Lüchinger: *Das politische Denken von Condorcet (1743–1794)*. Bern 2002, S. 84 f.

17 Ebenso anschaulich wie reflektiert Friedrich Wilhelm Graf: *Moses Vermächtnis*. München 2006, S. 69 ff.

18 Beide Zitate bei Graf: *Moses* (Fn. 17), S. 71, 72.

Emmanuel Joseph Sieyes, 1748–1836, Katholischer Geistlicher (Abbé), Verfassungstheoretiker und Staatsmann. Autor der einflußreichen Schrift *Qu'est-ce que le Tiers état? (Was ist der Dritte Stand?)* vom Januar 1789. Auf seinen Antrag erklärte sich der Dritte Stand am 17. Juni 1789 zur Nationalversammlung. 1799 war Sieyes erst Mitglied des Direktoriums, dann des Konsulats.
Gemälde von Jacques-Louis David (1817).

(Max Weber) Formen religiöser Glaubensverkündigung mit entsprechenden Äternitätsvorstellungen an. Das vielzitierte Wort von Jules Michelet, in der Menschenrechtserklärung von 1789 schlage sich das »Glaubensbekenntnis der neuen Zeit«[19] nieder, bringt diese Verwandtschaft plastisch zum Ausdruck.

Solche Religionsaffinität war im übrigen kein Spezifikum Frankreichs. In den Verfassungsdebatten der abtrünnigen nordamerikanischen Kolonien aus den 1770er Jahren findet sich ähnliches.[20] Und kein Zufall ist es, daß die ein gutes Jahrzehnt vor der Französischen Revolution verkündete Amerikanische Unabhängigkeitserklärung vom 4. Juli 1776, die nach späteren Erläuterungen ihres Verfassers ebenfalls nicht neue und nie dagewesene Argumente und Prinzipien verkünden, sondern Ausdruck des *common sense* und des *American mind* sein wollte,[21] den so bestimmten Wahrheitsanspruch ganz im Geiste John Lockes mit gottgegebenen Naturrechten gleich einleitend anmeldete: »We hold these Truths to be self-evident, that all Men are created equal, that they are endowed by their Creator with certain unalienable Rights, that among these are Life, Liberty and the Pursuit of Happiness«.[22]

19 Jules Michelet: *Geschichte der Französischen Revolution*, hg. von Jochen Köhler. Frankfurt/M. 1988, Bd. I, 11. Kapitel (Die Nacht des vierten August), S. 185 f.

20 Vgl. Willi Paul Adams: *Republikanische Verfassung und bürgerliche Freiheit*. Darmstadt–Neuwied 1973, S. 134 f.

21 Werner Heun: *Die politische Vorstellungswelt Thomas Jeffersons*, in: Historische Zeitschrift 258 (1994), S. 359–396 (362); speziell dazu auch Allen Jayne: *Jefferson's Declaration of Independence*. Lexington/Kentucky 1998, S. 55 f.

22 Näher Dieter Grimm: *Europäisches Naturrecht und Amerikanische Revolution*, in: Ius Commune III (1970), S. 120–151; Gunter Zimmermann: *Reformation und amerikanische Unabhängigkeitserklärung*, in: Archiv für Rechts- und Sozialphilosophie 82 (1996), S. 305–323; speziell zu den »self-evident truths« Jayne: *Declaration* (Fn. 21), S. 109 ff., zum Einfluß Lockes S. 41 ff.

2. *Verfassunggebung als Gründungsakt*

Wahrheiten verjähren nicht und können zwar wiederholt, aber nicht überholt werden.[23] Für Rechtsnormen läßt sich das allerdings kaum behaupten, wie der nicht erst für den motorisierten Gesetzgeber unserer Tage fundamentale Grundsatz zeigt, wonach das spätere (jüngere) Gesetz das frühere (ältere) aufhebt: *lex posterior derogat legi priori.*[24] Die Frage, die sich demgemäß stellt, lautet: erstreckte sich die für die Erklärung der Menschen- und Bürgerrechte erhobene Ambition, gewisse unabänderliche Wahrheiten auszusprechen, auf die Verfassung insgesamt? Kann sie ebenfalls Ewigkeitsstatus für sich reklamieren?

a) Auch der hier zentrale Begriff der Verfassung erhielt erst in der Französischen wie in der vorangegangenen Amerikanischen Revolution sein spezifisches Gepräge, das bis in unsere Tage fortwirkt.[25] Lange Zeit verstand man unter Verfassung in ebenso umfassender wie unspezifischer Weise den empirisch faßbaren Gesamtzustand eines politischen Gemeinwesens: seines Territoriums, seiner Lage, seiner Bevölkerung, seiner politischen Institutionen. In diesem Sinne *ist* jeder Staat in einer bestimmten Verfassung, so wie

23 Insofern wäre es nur konsequent, die Änderung des vernünftigen und philosophisch richtig abgeleiteten Rechts für unmöglich, unnötig und verboten zu erklären. Zu einer solchen Denkweise Roman Schnur: *La Révolution est finie*, in: *Festschrift für Arnold Gehlen*. Frankfurt/M. 1974, S. 331–350 (333 f.).

24 Zu dieser keineswegs selbstverständlichen und schon gar nicht logisch zwingenden Regel Theodor Schilling: *Rang und Geltung von Normen in gestuften Rechtsordnungen*. Berlin 1994, S. 448 ff.; Dirk Heckmann: *Geltungskraft und Geltungsverlust von Rechtsnormen*. Tübingen 1997, S. 159 ff.

25 Zum folgenden näher Horst Dreier: *Verfassung*, in: *Enzyklopädie Philosophie*. 2. Aufl. Hamburg 2010, Bd. 3 (i. E.) mit Literaturnachweisen.

sich ein Mensch in einer bestimmten gesundheitlichen Verfassung befindet. Im Laufe der frühen Neuzeit verengte sich dieser Begriff unter Abstoßung aller nichtnormativen Elemente auf die für ein Staatswesen konstitutiven Rechtsregeln und Dokumente, namentlich ihre Grundgesetze (*leges fundamentales*); eine Verfassung *hat* in diesem immer noch deskriptiven Sinne im Grunde jede Form politischer Herrschaft. Erst mit einer zweiten normativen Engführung am Ende des 18. Jahrhunderts wird Verfassung ein präskriptiver Begriff mit angebbaren typusprägenden Elementen. Verfassung meint nicht länger, worin ein Staat *ist* oder was er *hat*, sondern was er haben *soll*. Der Begriff umschreibt nicht mehr vorfindbare Gesamtzustände oder Normbestände, sondern formuliert ein inhaltlich anspruchsvolles Programm für die Ausbildung einer höchsten innerstaatlichen Normebene. Nun kann ein Staat, der dieses Ziel verfehlt, zwingender Logik zufolge auch gar keine Verfassung haben, wie das der berühmte Art. 16 der französischen Menschenrechtserklärung von 1789 dekretierte: »Eine Gesellschaft, in der die Verbürgung der Rechte nicht sichergestellt und die Trennung der Gewalten nicht festgelegt ist, hat keine Verfassung.« Exakt in diesem Sinne befand Thomas Paine ebenso lapidar wie vernichtend: »government without a constitution, is power without a right.«[26] Man spürt sofort: es geht nicht mehr um die nachzeichnende Erfassung historisch und politisch kontingenter Umstände, sondern um die Etablierung eines bestimmten Regelsets. Schriftlich fixiert werden die entsprechenden Normen zur Organisation des politischen Gemeinwesens in *einer*

26 Thomas Paine: *Rights of Man* (1791/1792), zit. nach der Penguin Classics-Ausgabe 1985, S. 185.

Urkunde, einer Kodifikation, die ganz im Sinne der Kollektiv-Singulare Reinhart Kosellecks die alte Vielzahl von Herrschaftsverträgen und Fundamentalgesetzen verdrängt[27] (und sich zugleich deutlich von der bunten »Assemblage of Laws, Institutions and Customs« absetzt, als welche man die britische Verfassung definiert hat[28]).

Natürlich sollen sich auch in diesem möglichst vernünftig zu gestaltenden »Plan der Nation für ihr Streben nach dem Glück«[29] die fundamentalen Wahrheiten niederschlagen, von denen in Menschenrechts- und Unabhängigkeitserklärung die Rede war. Nicht von ungefähr fanden sich ja in der Deklaration neben den Menschenrechten schon wesentliche Aussagen zu Gewaltenteilung, Repräsentation und Gesetzesbegriff. Aber die Positivierung und Konkretisierung namentlich im Bereich der Staatsorganisation verlangte nach vergleichsweise speziellen Regeln. Leidenschaftlich diskutierte Fragen des königlichen Vetos in Frankreich oder des Zweikammersystems in den USA ließen sich kaum durch Rekurs auf Wahrheiten für alle Zeiten und alle Länder beantworten, vom Wahlrecht oder Details der Organstruktur einmal ganz abgesehen. Insofern reichte für die Ausarbeitung einer Verfassung die Bekräfti-

27 Zum Hintergrund Hasso Hofmann: *Zu Entstehung, Entwicklung und Krise des Verfassungsbegriffs*, in: *Liber Amicorum für Peter Häberle zum siebzigsten Geburtstag*. Tübingen 2004, S. 157–171 (157 f.).

28 Das Zitat stammt von Henry St. John Bolingbroke: *A Dissertation upon Parties*. 5. Aufl. London 1739, S. 108.

29 So die Definition von Emer de Vattel: *Le Droit des gens ou principes de la loi naturelle* (1758) (dt.: *Das Völkerrecht oder Grundsätze des Naturrechts*, eingel. v. Paul Guggenheim. Tübingen 1959), § 46 (S. 49). Ähnliche Begrifflichkeit bei Alexander Hollerbach: *Ideologie und Verfassung*, in: Werner Maihofer (Hg.): *Ideologie und Recht*. Frankfurt/M. 1969, S. 36–61 (46): Verfassung als »Strukturplan«. Treffend auch die Rede davon, eine Verfassung »gleichsam zu komponieren« (Zweig: *Lehre* [Fn. 15], S. 4).

gung bestimmter Grundeinsichten und leitender Gesichtspunkte nicht aus. Hier waren nicht Wahrheiten zu verkünden, sondern politische Entscheidungen zu treffen. Neben den Vernunft-Diskurs trat der Politik-Diskurs,[30] neben die philosophische Wahrheit der politische Wille.

b) Wenn Verfassunggebung also kein reiner Erkenntnisakt sein konnte, so war und sollte sie doch ein Akt der Selbstbestimmung des Volkes resp. der Nation sein.[31] Volk und Nation galten den Verfassungsrevolutionären diesseits und jenseits des Atlantiks als einzig legitime Quelle politischer Herrschaft. Vor dem Hintergrund und auf der Grundlage der Axiome des rationalistischen Naturrechts des 17./18. Jahrhunderts und der Postulate der Aufklärung wird das Individuum zum Fixpunkt philosophischer Reflexion und politischer Organisation. Der Einzelne soll nicht nur als Rechtssubjekt im Verhältnis zu einer wie auch immer gearteten Hoheitsgewalt anerkannt sein; vielmehr findet diese Hoheitsgewalt, will sie als legitim gelten, »ihren letzten Grund nur in der freien Selbstbestimmung des Einzelnen«.[32] Als Autor der neuen staatlichen Ordnung setzt sich das Volk selbst ein.

30 In Anlehnung an Keith Michael Baker: *Sieyès*, in: Furet/Ozouf: *Wörterbuch* (Fn. 9), S. 528–545 (530 ff.).

31 Zu *people* resp. *nation* in Amerika und Frankreich als zentralen Fixpunkten näher Ulrich K. Preuß: *Revolution, Fortschritt und Verfassung*. Berlin 1990, S. 11 ff., 22 ff. Zum folgenden auch nachdrücklich Johannes Masing/Dieter Gosewinkel: *Einführung in die Texte: Grundlinien der europäischen Verfassungsentwicklung*, in: dies. (Hg.): *Die Verfassungen in Europa 1789–1949*. München 2006, S. 9–70 (11 ff.).

32 Masing/Gosewinkel: *Einführung* (Fn. 31), S. 14. Vertiefend Hasso Hofmann: *Menschenrechtliche Autonomieansprüche* (1992), in: ders.: *Perspektiven* (Fn. 10), S. 51–72 (58 ff.). Speziell zu Jefferson siehe Heun: *Vorstellungswelt* (Fn. 21), S. 372 ff., 393.

Demgemäß wird Verfassunggebung als Schöpfungsakt aus eigenem Recht begriffen. Die bekannten Eingangsworte der amerikanischen Verfassung von 1787 (»We the people [...] do ordain and establish this constitution«) bringen diese Selbstermächtigung, wenn nicht »Selbsterhöhung des Individuums«[33] zur eigenständigen Gestaltung des politischen Gemeinwesens markant zum Ausdruck. Man legt kraft autonomer Selbstorganisation und reklamierter Rechtsetzungskompetenz einen neuen normativen Grund für die gesamte Rechts- und Staatsordnung. Das Prinzip der Volkssouveränität, wonach alle Staatsgewalt vom Volke ausgeht, erfährt in der Amerikanischen und Französischen Revolution seine moderne Ausprägung.

c) Warum aber kann die Verfassung nun eigentlich als »höhere Gattung von Normen« (Robert von Mohl) gelten? Wer genau firmiert als ihr Schöpfer? Es war vor allem Sieyes, der auf diese Fragen eine Antwort gab und mit einer traditionsbildenden, bis in unsere Tage reichenden Begrifflichkeit das maßgebliche »Deutungsschema und den Beurteilungsmaßstab für eine Verfassungsentstehung nach den Grundsätzen der Volkssouveränität« schuf.[34] Sieyes unter-

33 Zweig: *Lehre* (Fn. 15), S. 2. Von der »politischen Selbstermächtigung« spricht mit Blick auf die Französische Revolution Herfried Münkler: *»Eine neue Epoche der Weltgeschichte«*, in: Aus Politik und Zeitgeschichte, Beilage 22/1989, S. 15–23 (19).

34 Peter Badura: *Verfassung und Verfassungsgesetz*, in: *Festschrift für Ulrich Scheuner zum 70. Geburtstag*. Berlin 1973, S. 19–39 (36). Zu Sieyes näher Hasso Hofmann: *Repräsentation* (1974). 4. Aufl. mit einer neuen Einleitung. Berlin 2003, S. 406 ff.; Murray Forsyth: *Reason and Revolution*. New York 1987, insb. S. 69 ff., 98 ff., 128 ff.; Thomas Hafen: *Staat, Gesellschaft und Bürger im Denken von Emmanuel Joseph Sieyes*. Bern–Stuttgart–Wien 1994, S. 56 ff., 89 ff., 109 ff., 176 ff.

scheidet streng zwischen einem unauslöschlich bei der Nation liegenden Recht, sich eine Grundverfassung zu geben, und den auf dieser Basis etablierten, damit aber zugleich nachrangigen einzelnen Staatsorganen.[35] Die verfassunggebende Gewalt (*pouvoir constituant*) legt demgemäß in einem außerordentlichen Urakt der Rechtsschöpfung den Grund für die anderen Verfassungsorgane, die als *pouvoirs constitués* durch diesen Gründungsakt praktisch erst erzeugt, zugleich aber legitimiert und limitiert werden.[36] Sie operieren definitionsgemäß in dem Rahmen, der ihnen durch die Verfassung gesetzt ist: es sind begrenzte Gewalten, die die Vorgaben der höheren Verfassungsordnung zu respektieren haben. Da das Volk aber nicht als unorganisierte Größe handeln und aller politromantischen Verklärung zum Trotz seinen Willen nicht in unvermittelter Urgewalt authentisch zum Ausdruck bringen kann, bedarf es für die Ausübung der verfassunggebenden Gewalt besonderer Repräsentationsformen und spezifisch legitimierter Vertretungskörperschaften. Auch bei der Verfassunggebung erweist sich der Repräsentationsgedanke somit als unumgehbar.[37]

35 Zum folgenden insb. Sieyes: *Stand* (Fn. 8), S. 164 ff. Aus der Sekundärliteratur nach wie vor grundlegend Zweig: *Lehre* (Fn. 15), insb. S. 115 ff., 136 ff., 404 ff.; aus jüngerer Zeit etwa Stefan Breuer: *Nationalstaat und pouvoir constituant bei Sieyes und Carl Schmitt*, in: Archiv für Rechts- und Sozialphilosophie 70 (1984), S. 495–517 (500 ff.). Umfängliche Hinweise bei Henner Jörg Boehl: *Landesverfassunggebung im Bundesstaat*, in: Der Staat 30 (1991), S. 572–593 (576 ff.).

36 Noch die Präambel des Grundgesetzes rekurriert auf die Formel von der verfassunggebenden Gewalt. Dazu Horst Dreier: *Präambel Rn. 64 ff.*, in: ders. (Hg.): *Grundgesetz-Kommentar*, Bd. I. 2. Aufl. Tübingen 2004.

37 Lies Hofmann: *Idee* (Fn. 15), S. 289 f.

3. Vorbild Amerika

Freilich, um der historischen Wahrheit die Ehre zu geben: die eigentliche Geburtsstunde des Gedankens einer verfassunggebenden Versammlung mit der Konsequenz eines Vorranges gegenüber den einfachen gesetzgebenden Körperschaften schlug nicht 1789, sondern mehr als ein Jahrzehnt zuvor, und realisiert wurde das Konzept auch nicht zuerst auf dem europäischen Kontinent, sondern jenseits des Atlantiks in den nordamerikanischen Kolonien nach ihrer Loslösung vom britischen Mutterland.[38] Insbesondere gewann im Zuge der amerikanischen Unabhängigkeitsbestrebungen Mitte der 1770er Jahre in Massachusetts, Pennsylvania, Virginia und anderen Neuenglandstaaten sukzessive, tastend und experimentierend der Gedanke an Boden und Gefolgschaft, der neuen staatlichen Ordnung in Gestalt einer Verfassungsurkunde eine feste Grundlage zu verleihen, die in besonderer Weise vom Volk und durch das Volk legitimiert sein mußte.[39] So wurde die Idee spezieller Verfassungskonvente, sog. *constitutional conventions*, geboren,[40]

38 Zu den Vorgängen im Überblick etwa Hans-Christoph Schröder: *Die Amerikanische Revolution*. München 1982, S. 108 ff.; Horst Dippel: *Die Amerikanische Revolution 1763–1787*. Frankfurt/M. 1985, S. 69 ff., 91 ff.; Jürgen Heideking: *Geschichte der USA*. Tübingen-Basel 1995, S. 29 ff.

39 Siehe Adams: *Verfassung* (Fn. 20), S. 30 ff., 68 ff.; Henner Jörg Boehl: *Verfassunggebung im Bundesstaat*. Berlin 1997, S. 39 ff.; Magistral Gordon S. Wood: *The Creation of the American Republic 1776–1787*. Chapel Hill 1969, S. 259 ff. (insb. 266 f.), 273 ff. (»constitution as fundamental law«), 306 ff. (»Conventions of the People«), 600 ff. (»equation of rulers and ruled«).

40 Adams: *Verfassung* (Fn. 20), S. 76 ff. (zur vorbildlichen Realisierung in Massachusetts 1780 S. 83 ff.); eingehend Wood: *Creation* (Fn. 39), S. 306 ff.; Boehl: *Verfassunggebung* (Fn. 39), S. 36 ff.: »Verfassunggebung durch Konvente« (auch zu ihrer Vorgeschichte; S. 46 ff. zu Massachusetts). Aufschlußreich insofern die Dokumente Nr. 115 und 117 in: Angela und Willi Paul Adams (Hg.): *Die Amerikanische Revolution und die Verfassung 1754–1791*. München 1987, S. 264–267, 268–270.

mit ihm der Terminus einer *constituent power*, wie er 1777 zum ersten Mal begegnet,[41] und vor allem die Unterscheidung von *legal* and *constitutional*, von *fundamental law and statutory law*.[42] Schon im Mai 1776 hatten die Bürger der Landgemeinde Pittsfield in Massachusetts die geforderte neue Verfassung explizit als »Basis und Fundament der Gesetzgebung« charakterisiert.[43]

Hinfällig war somit die Vorstellung prinzipieller Gleichrangigkeit von Gesetz und Verfassung, wie sie im britischen Königreich weiterhin dominierte. Der klaren Herausarbeitung einer Hierarchie von Verfassung und Gesetz war dabei der Umstand günstig, daß den auf »Charters« beruhenden Kolonien die Vorstellung eines verbindlich vorgegebenen Rechtsrahmens für die etablierten Gewalten strukturell vertraut erscheinen mußte.[44] Zum anderen war den Amerikanern die schmerzliche Erfahrung zuteil geworden, daß auch ein Parlament Unrecht tun kann und es somit gute Gründe gab, den Gesetzgeber selbst bestimmten übergeordneten Regeln zu unterwerfen.[45]

41 Adams: *Verfassung* (Fn. 20), S. 70, 90 f.; zur *constituent power* kompakt und informativ Boehl: *Verfassunggebung* (Fn. 39), S. 25 ff.

42 Wood: *Creation* (Fn. 39), S. 266, 273 ff. Zur sich ausbreitenden Vorstellung verfassungswidriger (»unconstitutional«) Gesetze Gerald Stourzh: *Vom Widerstandsrecht zur Verfassungsgerichtsbarkeit* (1974), in: ders.: *Wege zur Grundrechtsdemokratie*. Wien-Köln 1989, S. 37–74 (51 ff.).

43 Adams/Adams: *Amerikanische Revolution* (Fn. 40), Dokument Nr. 116 (S. 268); siehe auch Adams: *Verfassung* (Fn. 20), S. 84.

44 Zur Rolle dieser »charters« als einer Art von Grundgesetzen Wood: *Creation* (Fn. 39), S. 268 ff.; Gerald Stourzh: *Vom aristotelischen zum liberalen Verfassungsbegriff* (1975), in: ders.: *Wege* (Fn. 42), S. 1–35 (26 ff.); weiterführend Boehl: *Verfassunggebung* (Fn. 39), S. 32 ff.

45 Zu diesem wichtigen Erfahrungshintergrund Wood: *Creation* (Fn. 39), S. 272; Gerald Stourzh: *Zur Konstitualisierung der Individualrechte in der Amerikanischen und Französischen Revolution*, in: ders.: *Wege* (Fn. 42), S. 155–174 (170 f.); Boehl: *Verfassunggebung* (Fn. 39), S. 36.

Mit den (hier in ihrer ganzen Differenziertheit und Vielfalt nicht darstellbaren) Konstitutionalisierungsprozessen in den vormaligen englischen Kolonien gab die neue Welt dem alten Europa sozusagen verfassungsstaatlichen Anschauungsunterricht, auch wenn natürlich die revolutionäre Entwicklung in Frankreich lange Zeit die Rezeption dominierte und in Europa die denkbar größte Wirkung entfaltete. Zudem war es eben Sieyes, der der verfassungsrevolutionären Sache die präziseste begriffliche Gestalt verliehen hatte, während in Nordamerika der Verlauf durch die Vielstimmigkeit von praktisch-politischem Handeln, öffentlicher Debatte in Zeitungen und Flugschriften, brieflichem Gedankenaustausch, Beschlüssen von *town meetings* und anderen Versammlungen geprägt war – und sich dennoch letztlich erstaunlich stringent fortentwickelte.

Auch steht heute die intensive Rezeption der nordamerikanischen Vorgänge in Frankreich ganz außer Frage, die ja durch personelle Austauschprozesse (man denke nur an Lafayette und Jefferson) kräftig verstärkt wurde und so die seinerzeitige Existenz einer transatlantischen Zivilisation beglaubigte. Niemand bestreitet daher noch die von Georg Jellinek Ende des 19. Jahrhunderts proklamierte und seinerzeit als provokativ empfundene These, wonach die Virginia Bill of Rights vom 12. Juni 1776 und nicht die französische Menschenrechtserklärung vom 26. August 1789 als erster moderner Grundrechtskatalog gelten darf.[46] Ein französischer Autor unserer Tage gesteht ohne weiteres zu: »Es gibt

46 Georg Jellinek: *Die Erklärung der Menschen- und Bürgerrechte* (1895). 3. Aufl. München–Leipzig 1919, abgedruckt in: Roman Schnur (Hg.): *Zur Geschichte der Erklärung der Menschenrechte*. Darmstadt 1964, S. 1–77 (8 ff.); dort auch weitere Texte zum Rezeptionsprozeß.

keinen Zweifel, daß das amerikanische Beispiel eine entscheidende Rolle bei der Ausarbeitung der französischen Menschenrechtserklärung gespielt hat. (...) Das amerikanische Vorbild ist nicht nur in allen Köpfen, auch in ihrem Auftreten und ihrem Denken beziehen sich die Mitglieder der Verfassunggebenden Versammlung explizit oder implizit darauf.«[47]

4. Verfassung als Gesetz für den Gesetzgeber

Die hervorstechendste Konsequenz der Doktrin von der Verfassunggebung als eines Gründungsaktes kraft *pouvoir constituant* oder *constituent power* liegt in der Kreation einer politischen Ordnung, an deren verfassungsrechtlich fixierte Regeln die nachgeordneten Gewalten dauerhaft gebunden sind. »Eine an Verfassungsregeln gebundene Körperschaft«, so hatte Sieyes schon vor der Revolution verkündet, »kann nur nach ihrer Verfassung entscheiden. Eine andere Verfassung kann sie sich nicht geben.«[48] Nimmt man diesen auf Normenhierarchie gegründeten Bindungsgedanken ernst, so zählen zu den nachgeordneten Gewalten auch die Parlamente, die ihrerseits – nicht anders als Nationalversammlung und *constitutional conventions* – als repräsentative Vertretungskörperschaften des Volkes zu begreifen sind. Die Verfassung wird dergestalt zum »Gesetz

47 Gauchet: *Menschenrechte* (Fn. 9), S. 1182 f. Er fügt hinzu, daß es letztlich darum ging, das amerikanische Vorbild zu perfektionieren (S. 1184); ausführlicher ders.: *Erklärung* (Fn. 1), S. 63 ff. – Zu den nicht unerheblichen Differenzen zwischen den Erklärungen statt vieler Hofmann: *Herkunft* (Fn. 10), S. 15 ff.

48 Sieyes: *Stand* (Fn. 8), S. 172.

für den Gesetzgeber«.[49] Gegenüber diesem (demokratischen) Gesetzgeber nimmt sich die Verfassung vom *lex posterior*-Grundsatz aus,[50] indem sie sich als höherrangige *lex superior* etabliert, als »paramount law«.[51] Vorrang der Verfassung meint zwingend Nachrang des Gesetzgebers,[52] auch des demokratischen, meint also auch und gerade, daß sich die parlamentarischen Vertretungskörperschaften der Verfassung beugen müssen. Diese bildet für das Parlament kein formbares Regelwerk, sondern eine normative Vorgabe, ist nicht Objekt, sondern Maßstab.

Mit Blick auf diesen zentralen Aspekt hat der Verfassungshistoriker Gerald Stourzh den Vorrang der Verfassung »historisch und sozialpsychologisch präziser« als »das neue Bewußtsein vom *Nachrang* der Gesetzgebung und von der *Begrenzung* des Gesetzgebers« charakterisiert.[53] Hier springt einmal mehr die in den Neuenglandstaaten genauso wie in Frankreich kritisch registrierte tiefe Kluft zu Großbritannien mit der dort bis heute letztlich ungebro-

49 Zweig: *Lehre* (Fn. 15), S. 92. Ganz ähnlich Adams: *Verfassung* (Fn. 20), S. 128: »Die Verfassung mußte nun den Gesetzgebern Gesetz sein.« Siehe noch Mitchell Meltzer: *Secular Revelations*. Cambridge/Mass. 2005, S. 51: Verfassung als »law of the laws«. Sehr früh schon Paine: *Rights* (Fn. 26), S. 187: »No article of this constitution could be altered or infringed at the discretion of the government that was to ensue. It was to that government a law«. Unter »government« wird dabei nicht nur die Regierung, sondern auch das Parlament verstanden.

50 Dazu Christian Winterhoff: *Verfassung – Verfassunggebung – Verfassungsänderung*. Tübingen 2007, S. 101 ff. m.w.N.

51 So die prägende, wenn auch nicht vorbildlose Formulierung in der Entscheidung des Supreme Court Marbury v. Madison, 5 U.S. 137 (1803). Vgl. Stourzh: *Widerstandsrecht* (Fn. 42), S. 57 f.

52 Prägnant auch Rainer Wahl: *Der Vorrang der Verfassung*, in: Der Staat 20 (1981), S. 485–516 (487): »Der Vorrang der Verfassung bedeutet den *Nachrang* des Gesetzes. Dies wiederum heißt zugleich des Gesetzgebers …« (Hervorhebung im Original, H.D.). Zur dogmatischen Ausformung im Grundgesetz siehe Horst Dreier: *Art. 1 III Rn. 54 ff.*, in: ders.: *GGK* I (Fn. 36).

53 Stourzh: *Widerstandsrecht* (Fn. 42), S. 58 (Hervorhebungen im Original, H.D.).

chenen Vorstellung unbeschränkter Parlamentssouveränität[54] ins Auge. Des weiteren zeigt gerade dieser entscheidende Schlag gegen die frühneuzeitliche »Identität von gesetzgebender und souveräner Gewalt«,[55] daß Volkssouveränität nicht einfach Fürstensouveränität mit anderem Vorzeichen ist. Vielmehr wird jetzt theoretisch denkbar und praktisch realisierbar, daß das Volk im Sinne einer Selbstbindung grundlegende Entscheidungen in der Verfassung trifft, an die dann andere – ebenfalls durch das Volk legitimierte – Staatsorgane wie die legislativen Körperschaften gebunden sind. Volkssouveränität erscheint somit in doppelter, genauer: in gestufter Gestalt. Die unausweichliche Konsequenz war und ist, daß nach der Konstitutionalisierung der Wille des Volkes »allein in seiner verfassungsrechtlich domestizierten Form«[56] gilt.

Das bedeutet aber auch und zugleich: für sich selbst reklamiert die verfassunggebende Gewalt umfassende Freiheit politischer Selbstbestimmung und Gestaltung, die sie dem von ihm geschaffenen politischen Körper versagt. Die weitere Entwicklung soll vielmehr in Bahnen verlaufen, die im Gründungsakt der Verfassunggebung vorgezeichnet sind. Für ihre eigene Generation beanspruchen die Verfassungsschöpfer das Recht autonomer Entscheidung über die Grundordnung des politischen Gemeinwesens; doch genau durch deren Etablierung sprechen sie der Gesellschaft für die Zukunft die »stets aktuelle Verfügungs- und Entscheidungsgewalt über ihren Rechtszustand«[57] ab. In dieser im

54 Siehe Gernot Sydow: *Parlamentssouveränität und Rule of Law*. Tübingen 2005.

55 Nochmals Stourzh: *Widerstandsrecht* (Fn. 42), S. 55 (s. auch S. 62, 72).

56 Josef Isensee: *Grundrechte und Demokratie*, in: Der Staat 20 (1981), S. 161–176 (164).

57 Zweig: *Lehre* (Fn. 15), S. 3.

Namen der Volkssouveränität erfolgenden Fixierung bindender Vorgaben und Schranken für den ›einfachen‹ demokratischen Gesetzgeber hat man nicht von ungefähr eine Grundaporie oder ein Paradoxon der Verfassunggebung gesehen.[58] In der Tat gilt ja im einen wie im anderen Falle das (jeweils in bestimmter Weise repräsentierte[59]) Volk als legitimierendes Subjekt. Was qualifiziert die aufgrund einfacher Mehrheit von der Gründungsgeneration beschlossene Verfassung aber dazu, sich gegen spätere einfache Mehrheitsentscheidungen durch Erschwerung von Verfassungsänderungen oder gar deren partiellen Ausschluß zu immunisieren? Warum kann kraft einer »Verfassungsänderungsverhinderungsminderheit«[60] der mehrheitsgestützte *status quo* von gestern gegen eine Mehrheit von heute aufrechterhalten werden?

58 Badura: *Verfassung* (Fn. 34), S. 25: »Grundaporie des Verfassungsstaates«; Hofmann: *Idee* (Fn. 15), S. 292 ff.: »Paradoxien der Verfassunggebung« (S. 294 f. mit besonderem Blick auf Art. 28 der Jakobinerverfassung von 1793); Graf: *Moses* (Fn. 17), S. 74: »Aeternitätsparadox moderner Verfassunggebung«. Schon Richard Thoma: *Die juristische Bedeutung der grundrechtlichen Sätze der deutschen Reichsverfassung im allgemeinen* (1929), in: ders.: *Rechtsstaat – Demokratie – Grundrechte*, hg. von Horst Dreier. Tübingen 2008, S. 173–230 (186 Fn. 11) hatte es als »Paradoxie« bezeichnet, daß die Weimarer Reichsverfassung die Mehrheiten der jungen Demokratie, soweit diese nicht zu Zweidrittelmehrheiten anschwellen, »festbindet auf Rechtsanschauungen und Interessenabwägungen der im Obrigkeitsstaat groß gewordenen Verfassungsgesetzgeber der Übergangszeit.«

59 Hasso Hofmann: *Legitimität und Rechtsgeltung*. Berlin 1977, S. 61, 72; s. auch Boehl: *Landesverfassunggebung* (Fn. 35), S. 578.

60 Wortschöpfung von Hans Meyer: *Diskussionsbemerkung*, in: *Veröffentlichungen der Vereinigung der Deutschen Staatsrechtslehrer (VVDStRL) 49 (1990)*, S. 161-165 (164).

5. Das Generationenproblem: Herrschaft der Toten über die Lebenden?

a) Offenbar liegt hier eine empfindliche Asymmetrie und ein gravierendes Legitimationsproblem vor, das sich mit der unbegrenzten Geltungsdauer von Verfassungen noch drastisch verschärft. Zwar läßt sich Verfassunggebung prinzipiell als Form der Selbstbindung eines Kollektivs begreifen. Diese Analogie zu individueller Selbstverpflichtung ist insofern plausibel, als man der Handlung einer bestimmten Person, also auf der Individualebene, auf der Ebene des Kollektivs eine ganze Generation korrespondieren läßt. So wie sich jeder Einzelne in seinem Leben etwa durch Verträge durchaus langfristig und tiefgreifend binden kann, so kann dies auch eine Nation oder Bürgerschaft. Halbwegs unproblematisch ist dies aber nur, wenn es die gleiche Generation betrifft. Was aber, wenn eine neue Generation mit womöglich anderen Vorstellungen die Bühne betritt?[61] Hier reicht das gern als paradigmatisch für Formen normativer Selbstbindung in Anspruch genommene Bild des Odysseus, der sich von seinen Männern an den Mast binden läßt, um gefahrlos den Sirenengesängen lauschen zu können,[62] für den Geltungsanspruch höherrangigen Verfas-

61 Aus der Sekundärliteratur Franz Bühler: *Verfassungsrevision und Generationenproblem*. Freiburg i. Ue. 1949; Dietrich Murswiek: *Die verfassunggebende Gewalt nach dem Grundgesetz für die Bundesrepublik Deutschland*. Berlin 1978, S. 217 ff.

62 Jon Elster: *Ulysses and the Sirens*. Revised edition. Cambridge 1984, S. 36 ff.; Stephen Holmes: *Verfassungsförmige Vorentscheidungen und das Paradox der Demokratie*, in: Ulrich K. Preuß (Hg.): *Zum Begriff der Verfassung*. Frankfurt/M. 1994, S. 133–170. Preuß: *Revolution* (Fn. 31), S. 77 bescheinigt der Geschichte eine »suggestive Anziehungskraft« für Sozialwissenschaftler, die sich mit den Funktionen von Verfassungen beschäftigen. Kritisch allerdings Claus Offe: *Fessel und Bremse*, in: *Jürgen Habermas zum 60. Geburtstag*. Frankfurt/M. 1989, S. 739–774 (748 ff.).

sungsrechts ebensowenig aus wie die gängige Rede von der Differenz zwischen den Spielregeln (also der Verfassung) und dem Spiel selbst (also der Politik und der Gesetzgebung). Denn eine neue Generation will das Spiel womöglich nach anderen Regeln oder vielleicht sogar ein ganz anderes Spiel spielen. Der Zeitfaktor macht aus Selbstbindung Fremdbindung, aus Autonomie Heteronomie.

b) Wenn also nach den Überzeugungen der Revolutionäre in Amerika und Frankreich eine gänzlich neue Verfassung in Übereinstimmung mit dem Prinzip der Volkssouveränität geschaffen werden konnte, konnte sie dann nicht aufgrund desselben Prinzips auch wieder abgeschafft und durch eine andere ersetzt werden?[63] Und mußte dies nicht eigentlich sogar geschehen? Durfte eine Generation über die folgenden herrschen, gleichsam die Zukunft normativ okkupieren? War das nicht die Herrschaft der Toten über die Lebenden?

Es hieße den Scharfsinn der Verfassungsrevolutionäre diesseits und jenseits des Atlantiks unterschätzen, wenn man annähme, die hier aufscheinenden Begründungs- und Gestaltungsprobleme könnten ihnen entgangen sein. Das Gegenteil war der Fall. So hatte schon Sieyes im Schlußartikel seines Entwurfs für eine Erklärung der Menschen- und Bürgerrechte vom Juli 1789 ganz im Sinne Rousseaus[64] das beständige Recht des Volkes festgehalten, seine Verfassung zu überprüfen und erneuern, und hinzugefügt: »Es wäre sogar gut, feste Zeitpunkte zu bestimmen, zu denen diese Revision, aus welchen Gründen auch immer, statt-

63 Klar formuliert von Keith Michael Baker: *Verfassung*, in: Furet/Ozouf: *Wörterbuch* (Fn. 9), S. 896–919 (915); ders.: *Condorcet*, ebd., S. 381–395 (389).

64 Vgl. Jean-Jacques Rousseau: *Du contrat social* (1762), I/7, III/18.

finden soll«.[65] In dieser noch recht vagen Formulierung scheint aber bereits die Idee auf, die Ausübung der unveräußerlich und beständig beim Volke liegenden verfassunggebende Gewalt in irgendeiner Weise zu regulieren. Damit befand er sich in grundsätzlicher Übereinstimmung mit den wiederholten Forderungen Condorcets, der heftig und hartnäckig die Vorstellung bekämpfte, eine einmal geschaffene Verfassung könne nie wieder geändert werden – denn das hieße »auf jede Frucht fortschreitender Erfahrung verzichten und kommenden Geschlechtern die Fehler und Irrtümer der Vorfahren für immer auflasten«;[66] ihm erschien eine ewige Konstitution geradezu als ein Attentat auf die Menschenrechte, als eine »Chimäre vergangener Jahrhunderte«. Gerade in der Veränderungsmöglichkeit lag für Condorcet demgemäß Wert und Würde der neuen staatsrechtlichen Grundlagen. Ähnlich grundsätzlich und wie immer noch eine Spur hitziger hatte Thomas Paine in seinem überaus einflußreichen Traktat *Rights of Man* in Reaktion auf die Betrachtungen von Edmund Burke über die Französische Revolution befunden, daß jedes Zeitalter und jede Generation die gleiche Freiheit haben müsse wie diejenigen vor ihm. Die Eitelkeit und Anmaßung, noch jen-

65 Emmanuel Joseph Sieyes: *Einleitung zur Verfassung*, in: ders.: *Schriften* (Fn. 8), S. 230–257 (Art. XXXII, S. 257). Dazu und zu weiteren Varianten noch Zweig: *Lehre* (Fn. 15), S. 246 f. Condorcet hatte in einem vermutlich zwischen Mai und August 1789 entstandenen Artikel (*Über die Notwendigkeit, die Verfassung durch die Bürger ratifizieren zu lassen*, in: Berliner Debatte Initial 18 [2007], S. 129–136 [130]) wie folgt argumentiert: »Die Geltungsdauer jedes Verfassungsgesetzes wird also in Wahrheit begrenzt durch die Zeit, die notwendigerweise verstreichen muß, bis die Hälfte der im Moment der Annahme des Gesetzes lebenden Bürger durch neue Bürger ersetzt worden ist.« Je nach Festlegung der Volljährigkeit auf 21 oder 25 Jahre betrage dieser Zeitraum 18 oder 20 Jahre. Das ist in der Sache identisch mit der ausführlicher begründeten Position von Thomas Jefferson; dazu sogleich im folgenden.

66 Vgl. Zweig: *Lehre* (Fn. 15), S. 94 ff. (Zitat S. 95; das folgende Zitat ebd., S. 100).

seits des Grabes regieren zu wollen, brandmarkte er als die lächerlichste und unverschämteste aller Tyranneien. Für die Lebenden, nicht für die Toten müsse gesorgt werden.[67]

Die gedanklich schärfste und durchdachteste Exposition des Problems aber stammt vom Verfasser der amerikanischen Unabhängigkeitserklärung, dem seinerzeitigen Gesandten in Frankreich und späteren dritten Präsidenten der Vereinigten Staaten, Thomas Jefferson. Er entwickelte sie nur wenige Wochen nach dem Entwurf von Sieyes in einem in Paris verfaßten Brief an den prominenten Mitautor der *Federalist Papers* und späteren Amtsnachfolger, James Madison. Seinen Ausgangspunkt vom Problem der Staatsverschuldung in Frankreich und deren Konsequenzen für die Nachfahren nehmend, fragt Jefferson in seinem Schreiben vom 6. September 1789 ganz grundsätzlich nach den Möglichkeiten kollektiver Selbst- und Fremdbindung kraft politischer Mehrheitsentscheidungen.[68] Jede Generation läßt sich ihm zufolge als eine bestimmte Nation und mit dem Recht betrachten, sich selbst kraft Mehrheitswillens zu binden; aber sie habe kein Recht, die folgende Generation zu binden, ebensowenig wie die Bewohner eines anderen

67 Paine: *Rights* (Fn. 26), S. 41 f.: »Every age and generation must be as free to act for itself, in all cases, as the ages and generations which preceded it. The vanity and presumtion of governing beyond the grave, is the most ridiculous and insolent of all tyrannies. Man has no property in man; neither has any generation a property in the generations which are to follow. (...) Every generation is, and must be, competent to all the purposes which its occasions require. It is the living, and not the dead, that are to be accommodated.«

68 Abdruck des Briefes in Thomas Jefferson: *Political Writings*, edited by Joyce Appleby and Terence Ball. Cambridge 1999, S. 593–598. Hinweis auf diesen Kontext der Staatsverschuldung bei Heun: *Vorstellungswelt* (Fn. 21), S. 384 f.; Andreas Kley: *Die Verantwortung gegenüber künftigen Generationen – ein staatsphilosophisches Postulat von Thomas Jefferson*, in: *Festgabe für Thomas Fleiner zum 65. Geburtstag*. Fribourg 2003, S. 505–523 (509 ff.). Zur Generationenproblematik bei den Risiken des Atomabfalls hellsichtig Hasso Hofmann: *Rechtsfragen der atomaren Entsorgung*. Stuttgart 1981, S. 258 ff.

Landes.[69] Und dann folgen die wie in Stein gemeißelten Sätze, wonach es eine ewige Verfassung oder gar ein ewiges Gesetz nicht geben könne. Die Erde gehöre immer nur der lebenden Generation. Würden Verfassung und Gesetze über die Dauer einer Generation hinaus angewandt, geschehe das allein durch Gewalt und nicht auf Grund von Recht.[70] Als konkreten Zeitraum für das Versiegen der legitimatorischen Zustimmung durch das Volk benannte Jefferson aufgrund von Mortalitätsstatistiken 19 Jahre: da nach deren Ablauf von denjenigen, die zur entscheidenden Gründungsgeneration gehört hatten, nur noch weniger als die Hälfte lebten, fehle der fortbestehenden Verfassung die erforderliche Mehrheitsbasis.

Galt die Verfassung also gemäß den neuen revolutionären Grundsätzen der Volkssouveränität immer nur für eine Generation? Das wäre eine ziemlich vergängliche Ewigkeit gewesen, die an die Stelle der Verkündung unverbrüchlicher Wahrheiten den stets neu zu dokumentierenden Willensakt einer Mehrheit setzte. Andererseits ließ sich bei aller zeitbedingt konkreten politischen Zielrichtung

69 Jefferson: *Writings* (Fn. 68), S. 596: »We seem not to have perceived that, by the law of nature, one generation is to another as one independent nation to another.« Deutlicher noch die Formulierung in einem Brief an John Wayles Eppes vom 24. Juni 1813 (abgedruckt in: Jefferson: *Writings* [Fn. 68], S. 598–604 [599]): »We may consider each generation as a distinct nation, with a right, by the will of its majority, to bind themselves, but none to bind the succeeding generation, more than the inhabitants of another country.«

70 Jefferson: *Writings* (Fn. 68), S. 596: »On similar ground it may be proved that no society can make a perpetual constitution, or even a perpetual law. The earth belongs always to the living generation. (...) The constitution and the laws of their predecessors extinguished then, in their natural course, with those whose will gave them being. (...) Every constitution, then, and every law, naturally expires at the end of 19 years. If it be enforced longer, it is an act of force and not of right.«

Thomas Jefferson, 1743–1826, dritter Präsident der Vereinigten Staaten von Amerika (1801–1809), maßgeblicher Verfasser der amerikanischen Unabhängigkeitserklärung, Staatstheoretiker und Universalgelehrter. Das von ihm selbst entworfene Epitaph lautet: »Here was buried Thomas Jefferson – Author of the Declaration of American Independence – of the Statute of Virginia for religious freedom and Father of the University of Virginia.«
Gemälde von Rembrandt Peale (1805).

mancher Argumentationen die Forderung nicht abweisen, anderen das gleiche Recht einzuräumen, das man für sich selbst in Anspruch nahm – zumal es gerade in der Logik des aufgeklärt-rationalen Denkens lag, im Sinne eines letztlich unabschließbaren Vernunftprogresses weitere Erkenntnisfortschritte niemals auszuschließen.[71] Erkannt und mit Jeffersons Analyse ziemlich genau erfaßt war das Problem der Verfassungsgeltung im Gang der Generationen also. Doch wie es lösen? Mußte man wirklich alle zwei oder drei Jahrzehnte die Verfassung, die ja eine feste Grundlage und den wegweisenden Bauplan für das politische Gemeinwesen bilden sollte, aufs neue vollständig zur Disposition stellen? Würde das die angestrebte dauerhafte Geltung der Verfassung und somit ihre Stabilisierungs- und Fundierungsfunktion[72] nicht konterkarieren?

71 Vgl. speziell in verfassungsrechtlichem Kontext Zweig: *Lehre* (Fn. 15), S. 95, 103. Eindrucksvolle Bekräftigung des Gedankens besserer und tieferer späterer Einsichten aus unseren Tagen: Supreme Court, 539 U.S. 558, 578 f. (2003) – Lawrence v. Texas.

72 Dazu Hinweise bei Horst Dreier: *Art. 79 II Rn. 13*, in: ders. (Hg.): *Grundgesetz-Kommentar*, Bd. II. 2. Aufl. Tübingen 2006.

II. Verfassungsänderung
Revision der Verfassung zwischen Lern- und Zerstörungsprozeß

Es kann kaum überraschen, daß die politische Praxis den grundstürzenden rechtsphilosophischen und staatstheoretischen Konzeptionen ganz überwiegend nicht folgte – und dies bis in unsere Tage nicht. Nur sehr wenige Gliedstaaten der USA oder Schweizer Kantone sehen obligatorisch eine Gesamtüberprüfung ihrer Verfassung vor. Das geschieht etwa dergestalt, daß – wie in den USA – den Wählern in bestimmten Intervallen die zumeist verneinte Frage nach Einberufung einer neuen *constitutional convention* vorzulegen ist[73] oder sie – wie in der Schweiz – mit der Frage der Durchführung einer Totalrevision konfrontiert werden resp. wurden.[74] Diese Ausnahmen bestätigen nicht allein die ansonsten geltende und gleich zu erläuternde Regel. Sie stellen auch inhaltlich nur eine sehr verhaltene Annäherung an Jeffersons radikale Vorstellung vom eingebauten Verfallsdatum der Verfassungen dar.[75] Denn nirgends ist die schlichte

73 Beispielsweise die Verfassungen von Alaska (Art. 13, § 3), Illinois (Art. 14, Sec. 1b) oder Iowa (Art. 10, Sec. 3). Die aus dem Jahre 1780 stammende Verfassung von Massachusetts (vgl. Benjamin Perley Poore [ed.]: *The Federal and State Constitutions, Colonial Charters, and other Organic Laws of the United States*. 2nd ed., Part I. Washington 1878, S. 956–980 [972 f.]) sah einmalig eine nach 15 Jahren, also 1795, durchzuführende Befragung der »qualified voters« vor, ob eine neue *convention* einzuberufen sei, wozu es dann jedoch nicht kam.

74 Solche den Geist Rousseaus atmenden und vielleicht stärker noch von den juristisch präziseren Vorstellungen Condorcets geprägten periodischen Prüfungen waren in manchen Schweizer Kantonen im 19. Jahrhundert (St. Gallen, Genf u. a.) durchaus verbreitet; aktuell gibt es sie nach ihrer dortigen Wiedereinführung im Jahre 1997 wohl nur in Appenzell A.Rh. (vgl. Kley: *Verantwortung* [Fn. 68], S. 514 f.).

75 Die bloße Möglichkeit eines »repeals« der Verfassung an Stelle ihres automatischen Geltungsverlustes lehnt Jefferson als unzulängliches »equivalent« ausdrücklich ab; siehe Jefferson: *Writings* (Fn. 68), S. 596 f.

Weitergeltung der bestehenden Verfassung an ein positives Votum des Volkes oder die Entscheidung einer neuen verfassunggebenden Versammlung gebunden – auch nicht in Montana.[76]

Durchweg wurde und wird dem Stabilitätsanspruch der Verfassung Vorrang vor ihrer stets in Gänze erfolgenden Neulegitimation oder Neuschaffung gegeben. Als repräsentativ darf die leicht konsternierte Reaktion von James Madison, maßgeblicher Autor der *Federalist Papers* und später vierter US-Präsident, auf Jeffersons Überlegungen gelten, den er in seiner Antwort besorgt fragte: »Would not such a periodical revision engender pernicious factions that might not otherwise come into existence? (...) May it not be questioned whether it be possible to exclude wholly the idea of tacit assent, without subverting the foundation of civil Society?«[77] Deutlicher und ausführlicher hatte er bereits zuvor gegen gelegentliche oder periodische Anrufungen des Volkes zur Revision der Verfassung in den *Federalist Papers* argumentiert und dabei vor allem auf die damit verbundenen Gefahren des Ansehensverlustes der Regierung, der Gefährdung politischer Stabilität sowie der Entfesselung von Emotionen bei solch »heiklen Experimenten« hingewiesen.[78]

76 Mißverständlich Johannes Masing: *Zwischen Kontinuität und Diskontinuität: die Verfassungsänderung*, in: Der Staat 44 (2005), S. 1–17 (8). Gemäß Art. 14, Sec. 3 der aktuellen Verfassung von Montana muß innerhalb eines Zeitraums von 20 Jahren das Wahlvolk über die Einberufung einer *convention* befragt werden; eine positive Neubestätigung wird nicht verlangt.

77 Brief von James Madison vom 4. Februar 1790, abgedruckt in: *The Papers of James Madison*, Vol. 13, edited by Charles F. Hobson/Robert A. Rutland. Charlottesville 1981, S. 18–21 (Zitate S. 19, 21).

78 Die von James Madison, Alexander Hamilton und John Jay in den Jahren 1787/1788 verfaßten *Federalist Papers* werden nach der Ausgabe von Cooke zitiert (*The Federalist*. Edited, with Introduction and Notes, by Jacob E. Cooke.

1. Verfassungsänderung als »bewundertes Novum«

a) Ganz auf dieser Linie waren auf der Ebene des neu errichteten amerikanischen Bundesstaates wie auch in der französischen Verfassung von 1791 keine festen Termine oder Perioden für eine konstitutive Neuentscheidung über das Verfassungswerk vorgesehen, das somit nicht regelmäßig zur Gänze der Disposition des Souveräns unterworfen wurde. Vielmehr entwickelte sich in den letzten Jahrzehnten des 18. Jahrhunderts, wiederum unter maßgeblicher Vorarbeit der ehemaligen nordamerikanischen Kolonien, ein Verfahren, das man als »bewundertes Novum«[79] bezeichnet hat: die Möglichkeit der Verfassungsänderung, deren Modalitäten das Staatsgrundgesetz selbst regulierte. Die Verfassung selbst sollte, wie von Condorcet gefordert, die »Mittel zu ihrer Verbesserung bieten«.[80] Ganz ähnlich hatte George Washington mit Bezug auf die im Ratifikationsverfahren befindliche amerikanische Bundesverfassung freimütig eingeräumt, es müsse, da sie

Middletown/CN 1961), hier Nr. 49 (Madison), S. 341: »it must be confessed, that the experiments are of too ticklish a nature to be unnecessarily multiplied.« Deutsche Übersetzung: Alexander Hamilton/James Madison/John Jay: *Die Federalist-Artikel*, herausgegeben, übersetzt, eingeleitet und kommentiert von Angela Adams und Willi Paul Adams. Paderborn 1994 (hier: S. 307). – Konkret richtete sich Madison gegen Jeffersons *Notes on the State of Virginia* (Ausgabe London 1787), wo Jefferson in seinem angehängten Verfassungsentwurf allerdings allein die jederzeitige Möglichkeit der Einberufung einer *convention* zum Zwecke der *altering of the constitution* befürwortet hatte. Gleichsinniger Hinweis auf die Gefahren zu häufiger Veränderungen bei Vattel: *Völkerrecht* (Fn. 29), § 35 (S. 44 f.).

79 Stourzh: *Widerstandsrecht* (Fn. 42), S. 57 m.w.N.

80 Siehe Zweig: *Lehre* (Fn. 15), S. 98; alles andere hieß nach Condorcet, »auf jede Frucht fortschreitender Erfahrung verzichten und kommenden Geschlechtern die Fehler und Irrtümer der Vorfahren für immer auflasten« (ebd., S. 95). Vertiefend zu Condorcets Vorstellungen zur Verfassungsrevision Lüchinger: *Denken* (Fn. 16), S. 224 ff.

nicht frei von Unvollkommenheiten sein könne, die Möglichkeit zu ihrer Korrektur bestehen.[81] Desgleichen wurde die Erforderlichkeit von Verfassungsänderungen in den *Federalist Papers* bekräftigt.[82]

Solcherart Verfassungsänderung schloß durchaus ein Wagnis in sich. Denn nunmehr war das Staatsgrundgesetz nicht ein für alle Mal wie beschlossen gültig und konnte nur durch ein neues, also auf – juristisch – revolutionärem Wege abgelöst werden. Vielmehr stellte es sich gewissermaßen selbst zumindest partiell zur Disposition, indem es die Möglichkeit oder auch die Notwendigkeit seiner eigenen Änderbarkeit erkannte. Kraft entsprechender Regelungen wurde also die »Veränderung der Verfassung in die Verfassung selbst« aufgenommen.[83] Treffend hat man mit Blick auf den amerikanischen Konstitutionalisierungsprozeß in den 1770er Jahren von einem fundamentalen Durchbruch gesprochen: »It was a fundamental breakthrough in American constitutional theory, manifested originally in the drafting of state constitutions, that the ›rules of government‹ would be decidedly ›alterable‹ through a stipulated legal process.«[84] Noch ganz anders hatten etwa die auf einem Entwurf von John Locke basierenden Fundamental Constitutions of Carolina von 1669 in ihrem Schlußartikel (Art. 120) verkündet, daß sie »the sacred and unalterable form

81 Letter of George Washington to Bushrod Washington, November 10, 1787, in: Michael Kammen (ed.): *The Origins of the American Constitution: A Documentary History*. New York 1986, S. 81–84 (83): »the remedy must come hereafter«.

82 *Federalist Papers* (Fn. 78), Nr. 85 (Hamilton), Cooke-Ausgabe S. 587 ff. (591 ff.), Adams-Ausgabe S. 530 ff. (534 ff.). Hamilton beruft sich hier ausdrücklich auf David Hume.

83 Adams: *Verfassung* (Fn. 20), S. 38.

84 Sanford Levinson: *Introduction: Imperfection and Amendability*, in: ders. (ed.): *Responding to Imperfection*. Princeton/NJ 1995, S. 3–11 (4).

and rule of government of Carolina forever«[85] bleiben sollten. Es ist faszinierend zu sehen, wie sich bald sukzessive der Gedanke einer Änderung der Verfassung ohne ihre Vernichtung durchsetzt und rasch selbstverständlich wird.[86] Wichtige konzeptionelle Vorarbeit hatte insofern der Schweizer Völkerrechtler Emer de Vattel Mitte des 18. Jahrhunderts geleistet, indem er neben der Höherrangigkeit der Verfassung die Möglichkeit ihrer Änderung herauspräparierte. Er wurde in Nordamerika »wieder und wieder zitiert«.[87]

In Frankreich wie in der annähernd zeitgleich verabschiedeten amerikanischen Bundesverfassung setzte man die Hürden für eine solche Verfassungsänderung allerdings außerordentlich hoch an: so hoch, daß sie in Frankreich einer praktischen Unmöglichkeit gleichkamen. Das Verfahren war zu langwierig und zu umständlich und konnte vor allem die politischen Energien nicht kanalisieren und dadurch im Zaume halten. So kam es denn dort nicht zu einer geordneten Fortentwicklung auf den vorgesehenen Verfassungsbahnen, sondern zum wiederholten revolutionären Umsturz der jeweiligen Ordnung mit der Folge einer Vielzahl neuer Verfassungen innerhalb des nächsten halben Jahrhunderts: 1791, 1793, 1795, 1799, 1814, 1830, 1848, 1852. Tocqueville spottete über die »neun oder zehn Verfassungen, die in Frankreich seit sechzig Jahren auf

85 Abdruck in Poore: *Constitutions* (Fn. 73), Part II, S. 1397–1408 (1408).

86 Kurze Hinweise bei Dreier (Fn. 72), *Art. 79 II Rn. 1*. S. auch Donald S. Lutz: *Toward a Theory of Constitutional Amendment,* in: Levinson: *Imperfection* (Fn. 84), S. 237–274 (239).

87 So Hofmann: *Idee* (Fn. 15), S. 279 m.w.N. zu Vattels Rezeption. Vgl. Vattel: *Völkerrecht* (Fn. 29), §§ 26 ff., insb. 33 ff. (S. 40 ff., 43 ff.).

ewige Zeiten eingeführt worden sind«.[88] Andererseits demonstriert das Beispiel der noch heute gültigen US-Verfassung, daß hohe Hürden wie dort in Art. V zwar eine geringe Anzahl von Verfassungsänderungen nach sich ziehen, die Lebenszeit der Verfassung selbst sich dadurch aber nicht zwingend drastisch verkürzen muß, wenn es andere Evolutionsmechanismen gibt. In den USA spielt hier bekanntlich die Anpassung und Fortentwicklung der Verfassung durch die aktive und kreative Judikatur des Supreme Court eine zentrale Rolle.[89]

b) Nicht allein die verfassungshistorische, auch die funktionale rechtsstrukturelle Betrachtung erweist, daß es sich bei der Verfassungsänderung um eine Kompetenz handelt, »die sich nicht von selbst versteht«.[90] Das wird bereits daran ersichtlich, daß im Unterschied zur ansonsten geltenden Grundregel nicht der ursprüngliche Normgeber selbst oder ein höherrangiger (*lex superior derogat legi inferiori*), sondern ein anderer und niederrangiger zur Revision befugt ist. Schon das ist außergewöhnlich. Anspruchsvoller und komplizierter wird damit aber auch die Architektonik der Normsetzungsebenen. Hier gab es ursprünglich ja nur zwei: einmal die Grundentscheidung des *pouvoir constituant*, also das auf der verfassunggebenden Gewalt des

88 Alexis de Tocqueville: *Der alte Staat und die Revolution* (1856). München 1978, S. 68.

89 Dazu statt aller Winfried Brugger: *Der moderne Verfassungsstaat aus Sicht der amerikanischen Verfassung und des Grundgesetzes*, in: Archiv des öffentlichen Rechts 126 (2001), S. 337–402 (343 ff.).

90 Carl Schmitt: *Verfassungslehre* (1928). 8. Aufl. Berlin 1993, S. 102. Ders.: *Legalität und Legitimität* (1932), in: ders.: *Verfassungsrechtliche Aufsätze aus den Jahren 1924–1954*. 2. Aufl. Berlin 1973, S. 263–345 (307) spricht von einem »außerordentliche[n] Vorgang«.

Volkes beruhende Staatsgrundgesetz; und sodann die *pouvoirs constitués*, also die auf diesem originären Akt basierenden, durch ihn eingesetzten und begrenzten Staatsgewalten wie Judikative, Exekutive und selbst Legislative.

Mit dem Konzept der verfassungsändernden Gewalt schiebt sich zwischen diese beiden Ebenen eine dritte. Man nennt sie *pouvoir constituant constitué* oder *amending power*, zu deutsch: die verfassungsändernde Gewalt. Ihre Ausübung darf einerseits nicht einfach den normalen Gesetzgebungsinstanzen überantwortet werden, weil diese sonst über ihre eigenen Daseinsgrundlagen bestimmen könnten. Auch das hatte Vattel schon klar erkannt und in die rhetorische Frage gekleidet: »Schließlich ist es allein die Verfassung, von der diese Gesetzgeber ihre Gewalt herleiten. Wie könnten sie sie ändern, ohne das Fundament ihrer Autorität zu zerstören?«[91] Im Grunde folgt ein solches Zugriffsverbot schon aus dem Gedanken des Vorrangs der Verfassung und ist aus dieser Perspektive von den Verfassungsvätern diesseits und jenseits des Atlantiks immer wieder mit Nachdruck betont worden. Von Grundgesetzen, so Sieyes dreißig Jahre nach Vattel und ganz in dessen Sinne, spreche man, »weil sie für die Körperschaften, die durch sie bestehen und handeln, unantastbar sind. [...] Keine übertragene Gewalt, welcher Art sie auch sei, kann an den Bedingungen ihrer Übertragung irgend etwas ändern. Nur so verstanden und nicht anders sind die Verfassungsgesetze *Grundgesetze*.«[92] England, »wo man zwischen der verfas-

91 Vattel: *Völkerrecht* (Fn. 29), § 34 (S. 44).

92 Sieyes: *Stand* (Fn. 8), S. 167; vgl. oben bei Fn. 48.

sunggebenden Gewalt und der gesetzgebenden Gewalt nie einen Unterschied gemacht«[93] hatte, diente als perhorresziertes Gegenbild – in Frankreich und stärker noch in Nordamerika, wo sich gleichfalls und schon in den Jahrzehnten davor eine klare Scheidung zwischen einfachem Gesetz und der Verfassungsurkunde herauspräpariert hatte.[94] Zentral war die Vorstellung, daß auch die Änderung der Verfassung letztlich nur in die Hände besonderer Vertretungskörperschaften mit einem expliziten Mandat gegeben werden oder doch zumindest in speziellen Formen und auf besonderen Verfahrenswegen realisiert werden dürfte.[95]

Andererseits ist die verfassungsändernde Gewalt aber eben nicht nur ein *aliud* zur normalen Gesetzgebung, sondern auch zur Verfassunggebung, nämlich dieser »nachgeordnet und nicht mit ihr identisch.«[96] Denn im Unterschied zu den *leges fundamentales* der frühneuzeitlichen Monarchien (und anders auch als bei einer Änderung des Primärrechts der Europäischen Gemeinschaft) bedarf es jetzt zur Veränderung der Rechtsgrundlagen nicht einer Mobilisierung des ursprünglichen Normgebers, also der verfassung-

93 So Emmanuel Joseph Sieyes: *Rede über die Frage des königlichen Vetos*, in: ders.: *Schriften* (Fn. 8), S. 259–276 (270).

94 Siehe nur Adams: *Verfassung* (Fn. 20), S. 30 ff., 128 f.; Stourzh: *Widerstandsrecht* (Fn. 42), S. 55 ff.; Edmund S. Morgan: *Inventing the People*. New York–London 1988, S. 255 ff. Vgl. oben S. 21 ff., 24 ff.

95 Vgl. (auf die gliedstaatlichen Verfassungen bezogen) Thomas Jefferson: Brief an Major John Cartwright v. 5. Juni 1824, in: ders.: *Writings* (Fn. 68), S. 382–388 (386): »we consider them [scil: the constitutions] not otherwise changeable than by the authority of the people, on a special election of representatives for that purpose expressly«. Vgl. noch Wood: *Creation* (Fn. 39), S. 600 f. Zur entsprechenden Sichtweise im revolutionären Frankreich siehe Zweig: *Lehre* (Fn. 15), S. 95 f., 100, 328 ff.; Samwer: *Erklärung* (Fn. 12), S. 212 f.

96 Masing: *Kontinuität* (Fn. 76), S. 4.

gebenden Gewalt (bzw. bei der EG der einmütigen Handlung aller Mitgliedstaaten). Freilich kann sich der Verfassungs-änderungsprozeß dem Verfassunggebungsprozeß sehr annähern, wie bereits die eingangs genannten Beispiele periodischer Revisionsanfragen und weitere Fälle einer starken Beteiligung des Volkes bei der Verfassungsänderung zeigen.[97] So hat man für Amerika resümiert: »In sum, the amendment process invented by the Americans was a public, formal, highly deliberative decision-making process that distinguished between constitutional matters and normal legislation, and returned to roughly the same level of popular sovereignty as that used in the adoption of the constitution.«[98] Am anderen Ende der Skala wird die eigentlich geforderte qualitative Differenz zum Gesetzgebungsprozeß fast bis zur Unkenntlichkeit verwischt, wenn man Verfassungsänderung wie nach dem Grundgesetz für die Bundesrepublik Deutschland ganz als »Erscheinungsweise der Gesetzgebung«[99] konzipiert. Denn gemäß Art. 79 Abs. 2 GG bedarf es für eine Änderung des Grundgesetzes lediglich einer (bei Einigkeit unter den großen politischen Parteien vergleichsweise leicht zu erringenden) Zweidrittelmehrheit in Bundestag und Bundesrat, ohne daß irgendwelche weiteren Unterschiede zum normalen

97 In Kalifornien etwa führen mehrere Wege zu einer Verfassungsänderung, doch immer ist das Volk daran beteiligt. In Europa wäre natürlich vor allem die Schweiz zu nennen, in Deutschland Bayern.

98 Lutz: *Theory* (Fn. 86), S. 240.

99 So Peter Badura: *Verfassungsänderung, Verfassungswandel, Verfassungsgewohnheitsrecht*, in: Josef Isensee/Paul Kirchhof (Hg.): *Handbuch des Staatsrechts der Bundesrepublik Deutschland*, Bd. VII. Heidelberg 1992, § 160 Rn. 3, 20.

Gesetzgebungsprozeß vorgesehen wären.[100] Diese Ausgestaltung des Verfassungsänderungsverfahrens als eines nur geringfügig modifizierten Gesetzgebungsverfahrens hat in Deutschland Tradition und begegnet in der Preußischen Verfassung von 1850 ebenso wie im Kaiserreich von 1871 oder der Weimarer Reichsverfassung. Eine »Differenzierung der Organe für die Verfassungs- und für die gewöhnliche Gesetzgebung«[101] war und ist, übrigens in signifikantem Unterschied zu den Verfassungen der deutschen Länder, unbekannt; vielmehr werden »dieselben Faktoren« (Gerhard Anschütz) tätig. Hingegen bringen die Verfassungen der meisten anderen Verfassungsstaaten den in Deutschland verschwimmenden »Sondercharakter«[102] der verfassungsändernden Gewalt deutlicher zum Ausdruck:[103] durch besondere Formen und Verfahren wie das Erfordernis wiederholter Abstimmungen oder die Einhaltung bestimmter Beschlußfristen, durch Mitwirkung anderer Staatsorgane oder durch die Verknüpfung von Verfassungsänderung und Parlamentsauflösung. Besonders verbreitet

100 Das zieht seit längerem und in jüngerer Zeit verstärkt Kritik auf sich. Vgl. Brun-Otto Bryde: *Verfassungsentwicklung*. Baden-Baden 1982, S. 54; Horst Dreier: *Grenzen demokratischer Freiheit im Verfassungsstaat*, in: Juristenzeitung 49 (1994), S. 741–752 (744 ff.); ders.: *Verfassungsänderung, leicht gemacht*, in: Zeitschrift für Staats- und Europawissenschaften 6 (2008), S. 399–407; Dieter Grimm: *Verfassungsreform in falscher Hand?*, in: ders.: *Die Verfassung und die Politik*. München 2001, S. 58–81; Masing: *Kontinuität* (Fn. 76), S. 10 ff.; Helmuth Schulze-Fielitz: *Schattenseiten des Grundgesetzes*, in: Horst Dreier (Hg.): *Macht und Ohnmacht des Grundgesetzes*. Berlin 2009, S. 9–50 (17 f., 25 ff.).

101 So Hugo Preuß: *Verfassungsändernde Gesetze und Verfassungsurkunde*, in: Deutsche Juristen-Zeitung 29 (1924), Sp. 649–654 (650).

102 Masing: *Kontinuität* (Fn. 76), S. 11.

103 Grundlegend Karl Loewenstein: *Über Wesen, Technik und Grenzen der Verfassungsänderung*. Berlin 1961, S. 21 ff., 27 ff., 36 ff. Weitere und aktuellere Beispiele für die Formenvielfalt in anderen Staaten und den bundesdeutschen Landesverfassungen bei Dreier (Fn. 72), *Art. 79 II Rn. 9 ff.*; Masing: *Kontinuität* (Fn. 76), S. 4 f.

ist die Beteiligung des Volkes am Verfassungsänderungsprozeß. Vor allem sie stellt den nötigen Abstand zum normalen Gesetzgebungsprozeß, zur *ordinary legislation*, her und sicher. Diesen Rekurs auf das Volk betrachtet man mit Recht als »verbreiteten, wenn nicht klassischen Baustein demokratischer Verfassungsänderung«.[104]

c) Ganz abgesehen von ihrer hier nicht weiter zu verfolgenden Ausgestaltung im einzelnen erlaubt es die verfassungsändernde Gewalt, die Verfassung als normative Grundlage zumindest partiell neu zu gestalten, ohne sie zu zerstören oder auswechseln zu müssen. Das ist das Ingeniöse am neuen Konzept: das Rechtsdokument wird inhaltlich geändert, aber nicht durch ein neues ersetzt, firmiert also weiterhin als das ursprüngliche. Die Verfassung der USA ist trotz der insgesamt 27 *amendments* und ungeachtet tiefgreifender interpretatorischer Wandlungen noch immer die Verfassung von 1787 (und wird nicht zuletzt deswegen geradezu kultisch verehrt); das bundesdeutsche Grundgesetz ist trotz mittlerweile 57 verfassungsändernder Gesetze, die es in vielen Partien tiefgreifend umgestaltet und partiell entstellt haben, immer noch das Grundgesetz vom 23. Mai 1949 (und entrückt für manche langsam gleichfalls in höhere Weisheitssphären). Kurz: Verfassungsänderung ermöglicht Revision des Normenbestandes ohne Wechsel der Identität.

Dieser trockene normtheoretische Befund gewinnt vielleicht eine kräftigere Farbe und tiefere Dimension, wenn man sich vor Augen führt, daß damit an die Stelle eines revolutionären Umsturzes der alten Ordnung die

104 Masing: *Kontinuität* (Fn. 76), S. 8.

Möglichkeit ihrer evolutionären Weiterentwicklung tritt. Man nimmt den Prozeß ihrer Fortentwicklung in die Verfassung selbst hinein. Die alte Form muß nun nicht mehr komplett zerbrochen werden, wenn sie sich als unpassend und überholt erweist. Sie gewinnt eine gewisse Elastizität. An die Stelle revolutionärer Überwindung tritt die evolutionäre Umformung. So wie die Verfassungsgerichtsbarkeit das Widerstandsrecht entbehrlich machte (und macht),[105] so gestattet die Änderung der Verfassung den Verzicht auf ihre völlige Beseitigung. Sehr anschaulich hat man davon gesprochen, Verfassungsänderung sei »a domestication of the right to revolution«.[106] Durch diese Art der Domestizierung wird Verfassungsänderung sozusagen zum Revolutionsersatz – und damit zum Instrument der Revolutionsvermeidung. So betrachtet, sollte die Amerikanische Revolution »eine Revolution gegen künftige Revolutionen« sein.[107]

d) Ursprünglich mag diese Flexibilisierung eher wie ein Gefährdungsmoment für die erwünschte Verfassungsstabi-

105 Maßgeblich Stourzh: *Widerstandsrecht* (Fn. 42), S. 37 ff., insb. 72 ff.; s. auch schon Adams: *Verfassung* (Fn. 20), S. 129 ff.

106 Walter Dellinger: *The Legitimacy of Constitutional Change: Rethinking the Amendment Process*, in: Harvard Law Review 97 (1983/84), S. 386–432 (431). Dort heißt es weiter: »Change is permitted, but only through the modes specifically sanctioned in the charter of government itself.« Der Revolutionssubstitutionsgedanke ist schon zuvor formuliert bei Wood: *Creation* (Fn. 39), S. 614: »Americans had in fact institutionalized and legitimized revolution«.

107 So prononciert Adams: *Verfassung* (Fn. 20), S. 38. Ganz ähnlich hatte man in der französischen Nationalversammlung argumentiert: Verwirklichung des Rechts des Volkes zur Verfassungsrevision »auf gesetzlichem und friedlichem Wege« (Samwer: *Erklärung* [Fn. 12], S. 212) durch Vorwegfestlegung ihrer Modalitäten. Vor allem Condorcets girondistischer Verfassungsentwurf von 1793 suchte extrakonstitutionelle politische Kräfte durch die »legal-permanente Revolution« (Baker: *Condorcet* [Fn. 63], S. 388) vielfältiger Verfassungsrevisionsmöglichkeiten zu bannen.

lität ausgesehen haben, weil ja durch sie das Ursprungswerk gerade nicht als ewig gültiges präsentiert, sondern schon aus sich heraus als modifizierbar und reformierbar gestaltet wird. In dieser vermeintlichen Schwäche liegt aber die eigentliche Stärke. Denn letztlich hilft der eingebaute Änderungsmechanismus, die Geltung der ursprünglichen Verfassung auf Dauer sicherzustellen und sie nicht bei jedem zeitlich folgenden Revisionsbedarf gänzlich zerschellen lassen zu müssen. Erst die »Auslieferung« an die *amending power* verschafft dem von der *constituent power* geschaffenen Staatsgrundgesetz die realistische Aussicht auf lange Geltungsdauer über Krisen und Konflikte hinweg, weil notwendige Anpassungsprozesse nicht als revolutionärer Neubeginn und Umsturz der alten Ordnung begriffen und entsprechend nach Kräften negiert werden müssen. Die *amendments* nach dem amerikanischen Bürgerkrieg bieten für diese »schöpferische Verwandlung von Schwäche in Stärke«[108] das beste Beispiel. Die Verfassung kann Veränderungen nunmehr als inneren Adaptionsprozeß, als internen Konfliktverarbeitungsmechanismus auffassen und ausgestalten. Sie wird sozusagen selbstreflexiv und begreift sich als ein lernfahiges System.

2. *Die Weimarer Reichsverfassung: Modell oder Menetekel?*

Aber was heißt eigentlich *ein* System? Was stiftet hier Identität? Wie weit kann, wie weit darf die verfassungsändernde Gewalt das ursprüngliche Werk modifizieren? Existieren

108 Preuß: *Revolution* (Fn. 31), S. 77.

dafür überhaupt Grenzen? Reicht der formelle Ableitungszusammenhang aus, um gegebenenfalls kraft der verfassungsändernden Gewalt ein Gebilde zu schaffen, das mit dem ursprünglichen Werk nichts mehr gemein hat außer dem Datum,[109] das zudem als geradezu irreführend gelten muß? Kann die Änderung der Verfassung auch zu ihrer vollständigen Entkernung, zur kompletten Auswechslung ihres Inhaltes, zum Wechsel grundlegender Legitimitätsprinzipien führen? Oder muß die *amending power* immer an den Kern des Verfassungswerks der *constituent power* gebunden bleiben, den sie zu respektieren und unangetastet zu lassen hat?

Diese Fragen zu stellen heißt, das Augenmerk auf einen zentralen und noch heute wichtigen Abschnitt deutscher verfassungsgeschichtlicher Entwicklung zu lenken. Denn nirgends wurde die Frage nach den Grenzen der Revisionsgewalt so grundsätzlich und so leidenschaftlich diskutiert wie in der Weimarer Republik.[110] Die Weimarer Reichsverfassung (WRV) sprach lapidar davon, daß die Verfassung im Wege der Gesetzgebung geändert werden könne, und setzte dafür lediglich ein im Vergleich zum normalen Gesetzgebungsverfahren erhöhtes Anwesenheitsquorum und eine qualifizierte Mehrheit fest. In Art. 76 WRV hieß es: »Die Verfassung kann im Wege der Gesetzgebung geändert werden. Jedoch kommen Beschlüsse des Reichstages auf Abänderung der Verfassung nur zustande, wenn zwei Drittel der gesetzlichen Mitgliederzahl anwe-

109 Nur eine (auch) formell neue Verfassung trägt ein »neues Geltungsdatum« (Winterhoff: *Verfassung* [Fn. 50], S. 359).

110 Näher Christoph Gusy: *Die Weimarer Reichsverfassung*. Tübingen 1997, S. 145 ff.; Michael Stolleis: *Geschichte des öffentlichen Rechts in Deutschland*, Bd. III. München 1999, S. 109 ff.

Eröffnungssitzung der Verfassunggebenden Nationalversammlung am 6. Februar 1919 im Deutschen Nationaltheater Weimar.
Die Reichsverfassung wurde am 11. August 1919 von Reichspräsident Friedrich Ebert ausgefertigt.

send sind und wenigstens zwei Drittel der Anwesenden zustimmen.«[111] Durfte der verfassungsändernde Gesetzgeber nun auch die tragenden Grundsätze der Weimarer Reichsverfassung durch gänzlich andere ersetzen, reichte insofern also die bloß formelle Identität kraft eines normativen Erzeugungszusammenhanges? Oder konnte von *der* Weimarer Verfassung nur solange die Rede sein, solange zentrale Identitätsmerkmale erhalten blieben? Systematisch gesprochen: reichte eine bloß formelle Identität aus, oder bedurfte es einer materiellen? Das war sozusagen die Frage der Fragen.

a) Die von Seiten der herrschenden Meinung hierauf gegebene Antwort fiel ebenso unzweideutig wie grundsätzlich, ja radikal aus. Formuliert wurde sie im seinerzeit führenden Verfassungskommentar. Die Kompetenz zur Verfassungsänderung, so dessen Autor Gerhard Anschütz, sei inhaltlich unbegrenzt: es könnten vielmehr »Verfassungsänderungen jeder Art bewirkt werden: nicht nur minder bedeutsame, mehr durch technische als durch politische Erwägungen bedingte, sondern auch bedeutsame, einschließlich solcher, die sich auf die rechtliche Natur des Reichsganzen (Bundesstaat), die Zuständigkeitsverteilung zwischen Reich und Ländern, die Staats- und Regierungsform des Reichs und der Länder (Republik, Demokratie, Wahlrecht, Parlamen-

111 Rein rechnerisch war also eine Verfassungsänderung durch weniger als die Hälfte der Abgeordneten möglich; praktisch-politisch konnte aber ein Drittel der Abgeordneten durch schlichtes Fernbleiben eine Verfassungsänderung verhindern. Beim Ermächtigungsgesetz (vgl. S. 55 und Fn. 126) hatte man diesen Weg durch vorherige gezielte Änderung der Geschäftsordnung des Reichstages, dessen Präsident Hermann Göring hieß, verstellt. Karl Dietrich Bracher: *Stufen der Machtergreifung* (1962). Frankfurt/M.–Berlin–Wien 1979, qualifiziert dieses Vorgehen zutreffend als »Farce pseudoparlamentarischer Manipulation« (S. 223) und »unglaubliche Fiktion« (S. 224).

tarismus, Volksentscheid, Volksbegehren) und andere prinzipielle Fragen (Grundrechte!) beziehen. Die … verfassungsändernde Gewalt ist gegenständlich unbeschränkt.«[112]

b) Soweit also die ganz überwiegende Position der Staatsrechtslehre. Doch gab es Gegenstimmen. Den entschiedensten und scheinbar evidentesten Widerspruch artikulierte Carl Schmitt auf der Grundlage seiner begriffsjuristisch scharfen Unterscheidungen zwischen Verfassungsbeseitigung, Verfassungsvernichtung und Verfassungsänderung.[113] Bei der letztgenannten handele es sich zwar um eine außerordentliche, nicht aber unbegrenzte, sondern eine »verfassungsgesetzlich zugeteilte Befugnis«. Jede Kompetenz, so sein Argument, sei ihrer Natur gemäß begrenzt, auch die Kompetenz zur Verfassungsänderung. Die ihr inhärente Beschränkung verlange, daß »Identität und Kontinuität der Verfassung als eines Ganzen gewahrt« blieben. Die Befugnis zur Änderung der Verfassung könne nicht auch deren Vernichtung oder Beseitigung umfassen. Die herrschende Auffassung des Art. 76 WRV nehme der Weimarer Verfassung ihre Substanz und ihren Boden und mache sie »zu einem *gegenüber jedem Inhalt indifferenten, neutralen Abänderungsverfahren*, das namentlich *auch der jeweils bestehenden Staatsform gegenüber neutral* ist«.[114] Diese absolute Neutralität richte sich gegen sich selbst und biete

112 Gerhard Anschütz: *Die Verfassung des Deutschen Reichs vom 11. August 1919*. 14. Aufl. Berlin 1933, Anm. 3 zu Art. 76 (S. 403).

113 Schmitt: *Verfassungslehre* (Fn. 90), S. 99 ff.; die beiden folgenden Zitate ebd., S. 102 und 103.

114 Carl Schmitt: *Der Hüter der Verfassung*. Berlin 1931, S. 113 [Kursivierung im Original gesperrt, H.D.].

»den legalen Weg zur Beseitigung der Legalität selbst, sie geht also in ihrer Neutralität bis zum Selbstmord«.[115] In der Tat: kann es sinnvoll sein, daß eine Verfassung bestimmte, sehr grundsätzliche Regelungen trifft, sie aber gleichzeitig einer unbeschränkten Änderungsmöglichkeit unterwirft? Wenn das richtig ist, dann präsentiert sich das Staatsgrundgesetz wie eine Art von Loseblattsammlung: auch wenn man seinen Inhalt komplett auswechselt, erscheint auf dem Rücken des Ordners unverändert die Aufschrift: »Weimarer Reichsverfassung«. Damit wird die Vorstellung einer rein formellen Verfassungsidentität auf die Spitze getrieben. Carl Schmitt spielt auf diesen Umstand an, wenn er der herrschenden Meinung einer inhaltlich unbegrenzten Möglichkeit der Verfassungsänderung vorwirft, Art. 76 WRV zur eigentlich zentralen, ja letztlich einzig dauerhaften Vorschrift der Weimarer Verfassung zu erheben.[116] Sie hätte so ewig gelten können – freilich um den Preis völliger inhaltlicher Austauschbarkeit.

c) So überzeugend das Plädoyer für eine Sicherung materieller Verfassungsidentität sich gerade in der Rückschau auf den ersten Blick ausnehmen mag, so wenig fundiert war es in der Weimarer Zeit. Kein Zufall, daß ein so anerkannter Staatsrechtslehrer und Demokrat wie Richard Thoma[117] die Schmittsche These eines änderungsresistenten Regelungs-

115 Schmitt: *Legalität* (Fn. 90), S. 301. Zur Relevanz einer solchen »Selbstmordvision« bei der Entstehung des Grundgesetzes siehe Horst Meier: *Parteiverbote und demokratische Republik*. Baden-Baden 1993, S. 146 ff.

116 Schmitt: *Verfassungslehre* (Fn. 90), S. 19.

117 Versuch einer zusammenfassenden Würdigung bei Horst Dreier: *»Unbeirrt von allen Ideologien und Legenden« – Notizen zu Leben und Werk von Richard Thoma*, in: Thoma: *Rechtsstaat* (Fn. 58), S. XIII-LXXXI.

kerns, einer »Stahlkammer juristischer Unantastbarkeit«, mit großer Entschiedenheit ablehnte.[118] Die Zurückweisung der Position Schmitts stützte er dabei vor allem darauf, daß die Schöpfer der Weimarer Reichsverfassung eindeutig auf entsprechende Bindungen des verfassungsändernden Gesetzgebers verzichtet hätten und daß sich für Schmitts Thesen weder ideen- noch dogmengeschichtliche Beweisgründe finden ließen. Ganz auf dieser Linie und Thomas Befund hat Jahrzehnte später Michael Stolleis über Schmitts Position geurteilt und Schmitts Konstruktion »eine quasi-naturrechtliche Aushebelung des positiven Rechts« genannt, »methodisch ganz ungesichert und in ihren praktischen Folgerungen unabsehbar«.[119] Eine umfängliche Habilitationsschrift jüngeren Datums gelangt, diese Einschätzung bestätigend, nach gründlicher Untersuchung zu dem Ergebnis, daß es bis heute an einer gesicherten und tragfähigen dogmatischen Herleitung für ungeschriebene Schranken der Verfassungsrevision fehlt.[120] Für die offene Regelung des Art. 76 WRV führte Thoma vor allem ihre Elastizität an, während Schmitts Lehre im tiefsten Grunde »nicht auf eine besondere Heiligung, sondern auf eine Entwertung der geschriebenen Verfassungen hinauslaufe, denen eine Härte angedichtet wird, an der sie unter Umständen zerspringen müßten«.[121] Allzu starre Schran-

118 Eingehend Thoma: *Bedeutung* (Fn. 58), S. 213 ff., Zitat: S. 214; weitere Hinweise bei Dreier: *Unbeirrt* (Fn. 117), S. LXVII.

119 Stolleis: *Geschichte* III (Fn. 110), S. 114. Gleiche Beurteilung durch Werner Heun: *Der staatsrechtliche Positivismus in der Weimarer Republik*, in: Der Staat 28 (1989), S. 377–403 (392 m. Fn. 94).

120 Winterhoff: *Verfassung* (Fn. 50), S. 356 ff.

121 Thoma: *Bedeutung* (Fn. 58), S. 220. Ihre »Elastizität« führt auch Anschütz: *Verfassung* (Fn. 112), S. VI als Vorzug der Weimarer Reichsverfassung an.

ken der Verfassung würden eben den evolutionären Weg inhaltlicher Änderung ausschließen und »im ernsten Konfliktfall unter Zerstörung der legitimen Kontinuität des Staatslebens und also zum Schaden der Rechtsidee«[122] eine revolutionäre Beseitigung erzwingen. Doch nicht Revolutionsfurcht oder professionelles Juristeninteresse an Normfortgeltung war letztlich für Thoma entscheidend, sondern die urdemokratische Idee der in Freiheit und Gleichheit über ihre Organisation entscheidenden Staatsbürger, was er in die schöne Wendung von der »Würde freier demokratischer Selbstbestimmung, welche die Gefahren aufwiegt, die alle Freiheit mit sich bringt«,[123] kleidet. Hingegen verkennt die Schmittsche These von den Grenzen der Revisionsgewalt ihm zufolge die »vielleicht gewagte, aber in ihrer Folgerichtigkeit großartige Erfassung der Idee der freien demokratischen Selbstbestimmung«.[124] Anders gesagt: zu dieser Idee stehen Ewigkeitsklauseln unweigerlich in einem nicht aufzulösenden Spannungsverhältnis. Sie verursachen gewissermaßen demokratische Kosten.

d) Die skizzierte Kontroverse führte zu einer merkwürdig verqueren Schlachtordnung: jene nicht gerade zahlreichen Autoren, die wie Anschütz und Thoma auf Seiten der neuen Republik und ihrer demokratischen Grundlagen standen und diese erhalten wollten, sprachen sich *gegen* eine Beschränkung der Verfassungsänderung aus, während

122 Thoma: *Bedeutung* (Fn. 58), S. 214.

123 Richard Thoma: *Die Funktionen der Staatsgewalt. Grundbegriffe und Grundsätze* (1932), in: ders.: *Rechtsstaat* (Fn. 58), S. 301–368 (361).

124 Richard Thoma: *Das Reich als Demokratie* (1930), in: ders.: *Rechtsstaat* (Fn. 58), S. 282–300 (291).

ein Großteil derjenigen, denen die Republik wenig verteidigenswert erschien, die *Grenzen* der Verfassungsänderung betonten.[125] Welche Gründe das auch immer im einzelnen haben mochte: festzuhalten bleibt jedenfalls, daß Weimars Untergang auf vielen Ursachen beruht – nicht aber auf einer zu extensiven Interpretation oder Handhabung des Art. 76 WRV. Denn erstens war das Ermächtigungsgesetz vom März 1933 entgegen der zeitweilig erfolgreichen NS-Propaganda sowie zeitnahen sedativen Kommentaren aus dem Kreise renommierter Staatsrechtslehrer wie Heinrich Triepel keineswegs legal, weil schon die Begleitumstände (»Schutzhaft« oder Flucht zahlreicher linker Abgeordneter, Einschüchterung der Parlamentarier durch Präsenz von SA und SS vor bzw. in der Kroll-Oper) jedem rechtsstaatlichen Standard spotteten.[126] Und zweitens entwickelte das neue Regime die Weimarer Reichsverfassung nicht etwa in Anwendung von deren Regeln fort, sondern reklamierte rasch eigene Legitimationsgrundlagen für sich: der nationalsozialistische Staat stünde »auf eigenem Boden« und »nicht auf einer ihm wesensfremden und wesensfeindlichen ... Grundlage«, hieß es repräsentativ.[127] Völlig unbekümmert um legale Ableitungen zertrümmerte man das Werk der Weimarer Nationalversammlung und schob es mit dem

125 Hinweis darauf bei Ernst Rudolf Huber: *Deutsche Verfassungsgeschichte seit 1789*, Bd. 6. Stuttgart 1981, S. 421; Stolleis: *Geschichte* III (Fn. 110), S. 114.

126 Gegen diesen Mythos von der legalen Revolution zusammenfassend Horst Dreier: *Die deutsche Staatsrechtslehre in der Zeit des Nationalsozialismus,* in: *VVDStRL 50 (2001)*, S. 9–72 (20 ff.) m.w.N., bei denen zu ergänzen wäre Florian Scriba: *»Legale Revolution?«*. Berlin 2008, S. 130 ff.; detailliert zu den Vorgängen und Rechtsbrüchen Bracher: *Stufen* (Fn. 111), S. 222-236; knapp Dietmar Willoweit: *Deutsche Verfassungsgeschichte*. 5. Aufl. München 2005, § 39 II 2, III (S. 386 f., 389 f.).

127 Carl Schmitt: *Staat, Bewegung, Volk*. Hamburg 1933, S. 5, 7.

Hinweis auf das *gute Recht der deutschen Revolution* (Carl Schmitt) schlicht beiseite.[128] Karl Loewenstein, 1933 von den Nazis vertrieben, hat der jungen Bundesrepublik mit Blick auf die Ewigkeitsgarantie des Grundgesetzes ins Stammbuch geschrieben: Das »zur Rechtfertigung der Abschirmungsbestimmungen in Artikel 79 des Grundgesetzes angeführte Argument, damit wäre die ›legale‹ Machtergreifung à la Hitler unmöglich gemacht, ist völlig abwegig, da die Nationalsozialisten die Weimarer Verfassung nicht etwa ›änderten‹, sondern sie zerbrachen und dann beseitigten.«[129]

128 Dreier: *Staatsrechtslehre* (Fn. 126), S. 22 f. mit umfangreichen Nachweisen.

129 Loewenstein: *Wesen* (Fn. 103), S. 47.

III. Verfassungsverewigung Art. 79 Abs. 3 GG zwischen Verstetigung und Versteinerung

1. Ziele: Identitätssicherung und Demaskierung des Verfassungsbruchs

Ganz unabhängig von der Frage nach der historischen Wahrheit oder Unwahrheit der Legalität der nationalsozialistischen Machtübernahme ist die sog. Ewigkeitsklausel[130] des Art. 79 Abs. 3 GG ohne die Verfassung der ersten deutschen Demokratie und deren Schicksal gar nicht denkbar und auch nicht verständlich.[131] Mit dem Grundgesetz wird in augenfälligem Gegensatz zu Weimar der unbegrenzten Wandlungs- und Fortentwicklungsmöglichkeit der Verfassung ein Riegel vorgeschoben, indem die Grundsätze der Art. 1 *und* (nicht: bis!) 20 GG dem Zugriff des verfassungsändernden Gesetzgebers entzogen werden. Die Revisionsgewalt ist zwar in Art. 79 Abs. 1 und 2 GG prinzipiell anerkannt, aber nicht als grenzenlose. Keine noch so große demokratische verfassungsändernde Mehrheit, ja noch nicht einmal eine einstimmige Entscheidung von Bundestag und Bundesrat soll die in Art. 79 Abs. 3 GG gesicherten Gehalte berühren, substantiell verändern oder gar beseitigen dürfen. Was den Parlamentarischen Rat dabei geleitet

130 Zur Terminologie vgl. Horst Dreier: *Art. 79 III Rn. 14*, in: ders.: *GGK* II (Fn. 72).

131 Art. 79 Abs. 3 GG lautet: »Eine Änderung dieses Grundgesetzes, durch welche die Gliederung des Bundes in Länder, die grundsätzliche Mitwirkung der Länder bei der Gesetzgebung oder die in den Artikeln 1 und 20 niedergelegten Grundsätze berührt werden, ist unzulässig.«

hat, bringt der bereits erwähnte Richard Thoma 1951 klar auf den Punkt. Es war die dreifache Absicht, die »Wiederkehr einer scheinbar legal begründeten Diktatur auszuschließen, den zentralistischen Einheitsstaat abzulehnen und sich von der humanitätswidrigen Barbarei der nationalsozialistischen Gewaltherrschaft radikal zu distanzieren«.[132] Schon der Verfassungskonvent auf Herrenchiemsee hatte in seinem Entwurf vom August 1948 »mit allem Nachdruck befürwortet …, daß solche Anträge auf Änderung des Grundgesetzes, die praktisch das Grundgesetz als solches vernichten würden, überhaupt für unzulässig erklärt werden.«[133] Die damit ausgesprochene Begrenzung der prinzipiell akzeptierten Möglichkeit einer Verfassungsänderung ist der konkrete rechtstechnische Ausdruck der Ewigkeitsklausel. Mit ihr wird im direkten Gegensatz zur schrankenlos offenen Weimarer Verfassung gerade keine unbegrenzte, weil inhaltlich völlig beliebige Fortgeltung unter Beibehaltung rein formaler Identität ermöglicht, sondern im Falle eines materiellen Identitätswechsels[134] ein eindeutiger klarer Schlußstrich erzwungen.

132 Richard Thoma: *Über die Grundrechte im Grundgesetz für die Bundesrepublik Deutschland* (1951), in: ders.: *Rechtsstaat* (Fn. 58), S. 468–482 (470).

133 *Der Parlamentarische Rat 1948–1949. Akten und Protokolle*, Bd. 2: *Der Verfassungskonvent auf Herrenchiemsee*, bearbeitet von Peter Bucher. Boppard am Rhein 1981, S. 558.

134 Deutlicher Hinweis auf die Konnexität von Identität und Ewigkeitsklausel bei Peter Häberle: *Verfassungsrechtliche Ewigkeitsklauseln als verfassungsstaatliche Identitätsgarantien*, in: *Festschrift für Hans Haug*. Bern–Stuttgart 1986, S. 81–108; der Sache nach aufgegriffen in der Überschrift des Beitrages von Paul Kirchhof: *Die Identität der Verfassung*, in: Josef Isensee/Paul Kirchhof (Hg.): *Handbuch des Staatsrechts der Bundesrepublik Deutschland*, Bd. II. 3. Aufl. Heidelberg 2004, § 21 (in der ersten Auflage hieß der Beitrag noch: *Die Identität der Verfassung in ihren unabänderlichen Inhalten* [Bd. I. Heidelberg 1987, § 19]).

Dabei war dem Herrenchiemseer Konvent genauso wie dem Parlamentarischen Rat und Richard Thoma vollkommen klar, daß mit dieser Form der »Selbstverewigung«[135] natürlich keine absolut wirksame Sperre gegen revolutionäre Umstürze oder neuerliche Abstürze in die Barbarei errichtet war. Aber derartigen Versuchen oder Vorgängen sollte doch, wie Redner in der zweiten Lesung des Hauptausschusses des Parlamentarischen Rates am 12. Januar 1949 formulierten, die »Maske der Legalität« (Thomas Dehler) entrissen und der »Schutz einer Scheinlegalität« (Carlo Schmid) genommen werden.[136] Es ging also um die »Demaskierung des Verfassungsbruchs«.[137] Die neue Ordnung sollte sich nicht als formal-legale Weiterentwicklung der bestehenden im Sinne lediglich formaler Identität darstellen und sich von ihr legitimatorischen Kredit erborgen können, sondern zum erfolgreichen Ausweis eigener tragender Legitimitätskriterien und somit zum normativen

135 Niklas Luhmann: *Das Recht der Gesellschaft*. Frankfurt/M. 1993, S. 474.

136 Beides zitiert nach: Jahrbuch des öffentlichen Rechts der Gegenwart 1 (1951), S. 586. Am Tag zuvor hatte Dehler im Ausschuß für Organisation des Bundes (*Der Parlamentarische Rat 1948–1949. Akten und Protokolle*, Bd. 13: *Ausschuß für Organisation des Bundes, Ausschuß für Verfassungsgerichtshof und Rechtspflege*, bearbeitet von Edgar Büttner/Michael Wettengel. Boppard am Rhein 2002, S. 1016) formuliert: »es soll einem Revolutionär nicht die Möglichkeit gegeben werden, zu behaupten, die Verfassung sei auf legalem Wege außer Kraft gesetzt worden.«

137 Kirchhof: *Identität* (Fn. 134), § 21 Rn. 42. Sehr sprechend die Anmerkung des Redaktionsausschusses (*Der Parlamentarische Rat 1948–1949. Akten und Protokolle*, Bd. 7: *Entwürfe zum Grundgesetz*, bearbeitet von Michael Hollmann. Boppard am Rhein 1995, S. 172): das Änderungsverbot solle »zum Ausdruck bringen, daß dieses Grundgesetz nicht die Hand bieten darf zu seiner eigenen Totalbeseitigung oder -vernichtung, insbesondere dazu, daß ggf. eine revolutionäre antidemokratische Bewegung mit demokratischen Mitteln auf scheinbar ›legalem‹ Wege die hier normierte demokratisch rechtsstaatliche Grundordnung in ihr Gegenteil verkehrt. Eine Revolution kann und soll dadurch nicht verhindert werden.«

Selbstand gezwungen werden. Eine solche Unantastbarkeitsnorm »errichtet eine Grenzmauer, die doch nur um den Preis eines rücksichtslosen und offensichtlich rechtswidrigen Verfassungsbruchs überstiegen werden könnte. Sie macht es unmöglich, die Revolution oder den Staatsstreich in den trügerischen Schafspelz scheinbarer Legalität zu hüllen.«[138] Also mit einem Wort: die Ewigkeitsgarantie des Art. 79 Abs. 3 GG schließt kraft materieller Identitätssicherung eine legale Revolution aus.

Daß bestimmte Regelungen dem Zugriff auch des verfassungsändernden Gesetzgebers entzogen und für normativ unantastbar erklärt werden, stellt nun zwar kein absolutes Novum in der Geschichte moderner Verfassungsstaatlichkeit dar.[139] Doch gibt es nur wenige, zumeist allein auf die Staatsform der Republik bezogene Vorläufer, besonders prominent etwa Frankreich 1884 (heute Art. 89 Abs. 5 der frz. Verfassung) und Italien 1947 (Art. 139). Das älteste Exempel, die norwegische Verfassung von 1814, enthält allerdings eine weiterreichende und anders konzipierte Klausel in Art. 112 Abs. 1 S. 3, wonach Verfassungsänderungen ausgeschlossen sind, die den Prinzipien der Verfassung widersprechen und ihren Geist ändern, weswegen man solche Vorkehrungen als Geistklauseln tituliert.[140]

138 So Richard Thoma: *Über Wesen und Erscheinungsformen der modernen Demokratie* (1948), in: ders.: *Rechtsstaat* (Fn. 58), S. 406–442 (441).

139 Die Verfassungsdokumente der kurzlebigen englischen Republik (*Agreement of the People* 1647, Cromwells *Instrument of Government* 1653) stellen Sonderfälle dar.

140 Rechtsvergleichender und -historischer Überblick zu vergleichbaren Regelungen bei Häberle: *Ewigkeitsklauseln* (Fn. 134), S. 83 ff.; Martin Hochhuth: *Die Meinungsfreiheit im System des Grundgesetzes*. Tübingen 2007, S. 124 ff.; Dreier (Fn. 130), *Art. 79 III Rn. 1, 12 f.*

Daneben gibt es gewisse »Nachbilder« (Peter Häberle), die die bundesdeutsche Regelung einer Ewigkeitsgarantie gefunden hat, so etwa in den Verfassungen Portugals (Art. 288) oder Tschechiens (Art. 9 Abs. 2).[141] Auffällig ist aber vor allem, daß eine dem Art. 79 Abs. 3 GG vergleichbare – also normtextlich verankerte und bestimmte Gestaltungselemente betreffende – Regelung bei weitem kein Gemeingut freiheitlicher Verfassungsstaaten bildet. Unbekannt war eine solche Form der »Geschichtsfestigkeit«[142] den französischen Verfassungen der Revolutionszeit und ist sie bis heute den USA und Österreich, obwohl es dort durchaus Stimmen in der wissenschaftlichen Diskussion gab und gibt, die der »amending power« Schranken auferlegen wollen; durchdringen konnten solche Positionen aber letztlich nicht.[143] In der Schweiz wird in Teilen der Lehre seit langem die Existenz materieller Grenzen der Revisionsgewalt befürwortet, ohne daß die Bundesversammlung dem je gefolgt wäre; mittlerweile bindet die schweizerische Bundesverfassung Teil- wie Totalrevisionen an zwingende Bestimmungen des Völkerrechts (Art. 139 Abs. 2, 193 Abs. 4, 194 Abs. 2 BV).[144]

141 Ewigkeitsgarantien finden sich etwa noch in den Verfassungen Griechenlands (Art. 110 Abs. 1) und Rumäniens (Art. 152), nicht aber etwa in den Benelux-Staaten, in Schweden, Dänemark und Finnland, in Spanien und in Ungarn.

142 Terminus von Hochhuth: *Meinungsfreiheit* (Fn. 140), S. 127, 144 u.ö.

143 Für die USA siehe John R. Vile: *The Constitutional Amending Process in American Political Thought*. New York u.a. 1992, insb. S. 157 ff.; für Österreich vgl. Anna Gamper: *Verfassungsrevision und »Bewahrung« der Verfassung*, in: Zeitschrift für öffentliches Recht 60 (2005), S. 187–215 (206 ff.).

144 Nachweise, auch zu den anderen genannten Staaten, bei Dreier (Fn. 130), *Art. 79 III Rn. 1, 12*. Für die Schweiz jüngst Andreas Reich: *Direkte Demokratie und völkerrechtliche Verpflichtungen im Konflikt*, in: Zeitschrift für ausländisches öffentliches Recht und Völkerrecht 68 (2008), S. 979–1025.

Freilich ist zumindest bei den Revolutionsverfassungen immer der Horizont zu bedenken, in dem dort gedacht und verfassungskonstruktiv argumentiert wurde. Denn dort sah man die im Naturrecht begründeten grundlegenden Freiheiten als dem Zugriff der verfassunggebenden Gewalt entzogen, weil ihr vorgegeben an. Über die ewigen und unverfügbaren Rechte konnte niemand disponieren, auch nicht das Volk oder die Nation. Ganz lapidar, weil selbstverständliches formulierend, heißt es bei Jefferson: »Nothing then is unchangeable but the inherent and unalienable rights of man.«[145] Und mit ähnlich lakonischer Grundsätzlichkeit hatte Sieyes in seiner Abhandlung über den Dritten Stand geschrieben, daß vor und über dem *pouvoir constituant* das Naturrecht rangiere.[146] Von einer voluntaristischen Entgrenzung der verfassunggebenden Gewalt kann somit bei den Gründervätern noch keine Rede sein. Insoweit Art. 79 Abs. 3 GG den Kern der Menschenrechte einschließlich ihrer institutionellen Voraussetzungen wie Gewaltenteilung und Demokratie schützt, kommt die Norm dem Geist der Gründungsrevolutionen eigentlich recht nahe. Signifikante Differenzen zeigen sich abgesehen

145 So Jefferson in einem Brief an Major John Cartwright v. 5. Juni 1824 (Jefferson: *Brief* [Fn. 95], S. 386). Nicht anders sah es Condorcet (vgl. Lüchinger: *Denken* [Fn. 16], S. 67 ff., 76 ff.).

146 Sieyes: *Stand* (Fn. 8), S. 167; dort steht freilich: »Vor und unter ihr [der Nation, H.D.] gibt es nur das Naturrecht.« Mit dem Wort ›unter‹ wird allerdings das »au-dessus« des französischen Originals in sinnentstellender Weise übersetzt (Hinweis darauf bei Hafen: *Staat* [Fn. 34], S. 97); das Naturrecht steht vielmehr *über* der Nation, nicht unter ihr. Richtig zum Vorrang des Naturrechts resp. der natürlichen Rechte der Menschen bei Sieyes etwa Stefan Breuer: *Sozialgeschichte des Naturrechts*. Opladen 1983, S. 394 f.; Hofmann: *Idee* (Fn. 15), S. 288 f.; Alois Riklin: *Emmanuel Joseph Sieyes und die französische Revolution*. Bern 2001, S. 272; eingehend Forsyth: *Reason* (Fn. 34), S. 105 ff.; Ulrich Thiele: *Volkssouveränität – Menschenrechte – Gewaltenteilung im Denken von Sieyes*, in: Archiv für Rechts- und Sozialphilosophie 86 (2000), S. 48–69 (50 ff., 53 ff.).

von den darüber hinausreichenden Schutzgehalten vor allem in der Ausgestaltung. Denn bezeichnenderweise wird die Sicherung der Verfassungsgrundlagen letztlich nicht dem demokratischen Prozeß selbst anvertraut, sondern – wie es der nunmehrige Verfassungsrichter Johannes Masing im Jahre 2005 ausdrückte – »lieber als überpositiv vorgegeben verstanden und durch möglichst stark formulierte und gerichtlich überprüfbare Ewigkeitsgarantien wie in Art. 79 Abs. 3 GG von jedem demokratisch voluntativen Akt abgelöst«.[147] Damit ist die Norm zugleich Ausdruck eines spezifisch deutschen Mißtrauens gegenüber dem Volk. Schutz und Stabilität sucht man nicht in dem Selbstbewußtsein offensiver Volkssouveränität, sondern in verfassungsrechtlichen Fixierungen, die man letztlich der Obhut eines Gerichts unterstellt. Masings akademischer Lehrer, ein späterer Verfassungsrichter, hatte schon viele Jahre zuvor geradezu provokant gefragt, ob in der rechtlichen Fixierung der unentbehrlichen Einigkeit eines politischen Gemeinwesens nicht der »Ansatz zu einem neuen Verfassungstotalitarismus« liege, um als weitere Frage anzuschließen: »Welche Selbstgewißheit hat ein Volk, wenn es glaubt, die sog. Grundwerte seiner Lebensordnung und seiner politischen Ordnungsform mit Rechtszwang unantastbar festlegen zu müssen, für sich selbst und für die künftigen Generationen, denen damit ihre eigene Mündigkeit im voraus abgesprochen wird?«[148]

147 Vgl. Masing: *Kontinuität* (Fn. 76), S. 11 f. Das Gegenkonzept wird eindrucksvoll entfaltet bei John R. Vile: *The Case against Implicit Limits on the Constitutional Amending Process*, in: Levinson: *Imperfection* (Fn. 84), S. 191–213.

148 Ernst-Wolfgang Böckenförde: *Entstehung und Wandel des Rechtsstaatsbegriffs*, in: *Festschrift für Adolf Arndt zum 65. Geburtstag*. Frankfurt/M. 1969, S. 53–76 (75).

Nun war die Selbstgewißheit bei der Verabschiedung des Grundgesetzes keineswegs klein, sondern auffallend groß. Andernfalls hätte man die Selbstverewigung wohl kaum gewagt. Auch woher diese Selbstgewißheit rührt, ist nicht schwer zu erraten. Nach den Erfahrungen des nationalsozialistischen Unrechts-Regimes mit seiner millionenfachen Mißachtung von Wert und Würde des Einzelnen war der Rekurs auf individuelle Rechte, auf rechtsstaatliche Sicherungen und demokratische Selbstbestimmung im Grunde selbstevident – wobei auch, was oft vergessen wird, das noch sehr lebendige Gegenbild des Stalinismus und der Lage in den Ostblockstaaten eine Rolle spielte, zu denen auch der andere, der unfreie Teil Deutschlands zählte.[149] Abgesehen vom sogleich zu behandelnden Sonderfall der bundesstaatlichen Ordnung schwingt in Art. 79 Abs. 3 GG unüberhörbar eine Wahrheitsgewißheit mit, auch wenn sie sich nicht so triumphal artikuliert wie in manchen Dokumenten der Französischen Revolution. Diese normative Sicherheit erwuchs aus dem Wunsch und dem Willen zu einer ganz bewußten Wiedereingliederung in die westeuropäisch-nordatlantische Verfassungstradition. Geradezu sinnfällig wird das daran, daß man sich im Parlamentarischen Rat auf der Grundlage regelrechter Referate über die verfassungshistorische und ideengeschichtliche Entwicklung der Grundrechte deren Bedeutung gleichsam wieder

149 Vgl. etwa Richard Thoma: *Kritische Würdigung des vom Grundsatzausschuß des Parlamentarischen Rates beschlossenen und veröffentlichten Grundrechtskatalogs* (1948), in: ders.: *Rechtsstaat* (Fn. 58), S. 443–467 (443); Bodo Pieroth: *Die Grundrechte des Grundgesetzes in der Verfassungstradition*, in: Detlef Merten/Hans-Jürgen Papier (Hg.): *Handbuch der Grundrechte*, Bd. II. Heidelberg 2006, § 25 Rn. 13.

Konrad Adenauer, Präsident des Parlamentarischen Rates (CDU), verkündet am 23. Mai 1949 in Bonn das Grundgesetz: (v. l.) Helene Weber (Mitglied des Parlamentarischen Rates und Schriftführerin des Präsidiums, CDU), Hermann Schäfer (II. Vizepräsident des Parlamentarischen Rates, FDP), Konrad Adenauer, Adolph Schönfelder (I. Vizepräsident des Parlamentarischen Rates, SPD), Jean Stock (Mitglied des Parlamentarischen Rates und Schriftführer des Präsidiums, SPD).

aneignete.[150] Auch in den intensiven Debatten griffen maßgebliche Redner wie Carlo Schmid, Hermann von Mangoldt, Theodor Heuss u.a. immer wieder auf die Ideen- und Verfassungsgeschichte freiheitlicher Grundrechtsdemokratien zurück. Dabei trat im übrigen deutlich zutage, daß zu diesen Traditionen auch die deutsche Verfassungsentwicklung zählen konnte. Das große Vorbild der Frankfurter Paulskirchenverfassung ragte immer wieder hervor. So war die Wiedereingliederung Deutschlands in den Kreis westlicher Demokratien nach zwölf Jahren NS-Regime nicht erzwungene oder widerwillig akzeptierte Rezeption fremden Gedankengutes, sondern zu einem Gutteil Wiederaneignung zwischenzeitlich fremd gewordener eigener Traditionsstränge. Man kann also durchaus eine gewisse Rückwärtsgewandtheit oder Vergangenheitsorientierung des Grundgesetzes konstatieren,[151] muß aber sogleich hinzufügen, daß gerade darin die Zukunft gesehen wurde. Und mit dieser Vermutung behielten die Schöpfer des Grundgesetzes ja auch recht, wenn man die Erfolgsgeschichte des Grundgesetzes betrachtet – und den weltweiten Siegeszug von Menschenrechten, Demokratie, Rechts- und Verfassungsstaatlichkeit. Mehr noch: auch Art. 79 Abs. 3 GG, bei seiner Entstehung fast ein Solitär,[152] erwies sich als

150 Zum folgenden näher Horst Dreier: *Kontexte des Grundgesetzes*, in: Deutsches Verwaltungsblatt 114 (1999), S. 667–679 (669 ff.); Pieroth: *Grundrechte* (Fn. 149), § 25 Rn. 17 ff., 25 ff., 50 ff.

151 Hofmann: *Herkunft* (Fn. 10), S. 3 spricht von einer »rückwärts gewandten Revolution«; ähnlich Willoweit: *Verfassungsgeschichte* (Fn. 125), § 42 II 4 (S. 428): »vergangenheitsorientierte Schöpfung«.

152 Abgesehen von Vorgängern in den Landesverfassungen von Bayern 1946, Bremen 1947 und Hessen 1946.

zukunftsträchtig in dem Sinne, daß Vorstellungen eines unabänderlichen Verfassungskerns heute stärker verbreitet sind als seinerzeit. Das heißt aber nicht, daß die Ewigkeitsklausel über jeden Zweifel erhaben wäre.

2. Gefahren: Überschießende Gehalte und normative Zementierungen

Art. 79 Abs. 3 GG bildet nämlich keineswegs nur ein präambelhaftes Bekenntnis zur Wiedereingliederung in eine bestimmte Kultur- und Verfassungstradition und auch nicht nur eine entsprechende Interpretationsdirektive, sondern stellt eine rechtstechnisch folgenreiche Regelung dar. Man beläßt es nicht bei der vagen Skizzierung eines allgemeinen staats- und rechtsphilosophischen Rahmens im Sinne eines spezifischen Denkhorizonts. Auch beschränkt man sich nicht auf die Fixierung eines freiheitlichen demokratischen Kerngehalts. Vielmehr wird ein bestimmter, inhaltlich darüber hinausgehender Kanon geschützter Elemente etabliert.[153] Und genau hier beginnen die eigentlichen Probleme und Gefahren.

a) Zum einen umfaßt die Ewigkeitsklausel bei weitem nicht nur das, was man als den Kern einer freiheitlichen demokratischen Grundordnung umschreiben könnte und wozu zweifelsohne Rechtsstaat, Grundrechte und Demokratie

153 Zu den geschützten Gehalten im einzelnen ausführlich Dreier (Fn. 130), *Art. 79 III Rn. 21-54*; Diana Zacharias: *Die sog. Ewigkeitsgarantie des Art. 79 Abs. 3 GG*, in: Markus Thiel (Hg.): *Wehrhafte Demokratie*. Tübingen 2003, S. 57–97.

gehören.[154] Schon das Sozialstaatsprinzip ist, wie ein Blick auf das britische Königreich oder die USA erweist, von einem breiten verfassungshistorischen wie rechtsvergleichenden Konsens über die ehernen Elemente dieses Kerns nicht mehr umschlossen. Noch deutlicher zeigt sich das bei der Bezugnahme auf das Republikprinzip, wenn man Republik als Verbot der Monarchie, auch der lediglich konstitutionellen, versteht. Denn eine ganze Reihe von Mitgliedstaaten der Europäischen Union wie Belgien, die Niederlande, Spanien oder Schweden haben königliche und zumeist erbliche Staatsoberhäupter, ohne daß dies ihrer Zugehörigkeit zu diesem Staatenverbund wie dem Kreis freiheitlicher Demokratien Abbruch tun könnte. Vor allem aber verewigt Art. 79 Abs. 3 GG auch, und zwar besonders ausführlich und detailliert, die bundesstaatliche Ordnung. Zwar bildet der Föderalismus unzweifelhaft ein altehrwürdiges und von den Nationalsozialisten bezeichnenderweise rasch zerstörtes Gestaltungsprinzip deutscher Geschichte – ein zwingendes Element freiheitlicher Ordnungen ist es aber keineswegs, wie die Existenz freiheitlich-demokratischer Einheitsstaaten nur allzu deutlich zeigt. Zu Recht hat man davon gesprochen, daß der Bundesstaat (im Unterschied zu Demokratie, Gewaltenteilung und Grundrechten) im Einheitsstaat ein veritables Konkurrenz- oder doch Alternativmodell vorfindet.[155] Diese veritable Alternative

154 Die ersten Entwürfe zur Ewigkeitsklausel hatten sich noch darauf beschränkt. Art. 108 HChE lautete: »Anträge auf Änderung des Grundgesetzes, durch die die freiheitliche und demokratische Grundordnung beseitigt würde, sind unzulässig« (*Parl. Rat, Bd. 2* [Fn. 133], S. 604). Ähnlich der Vorschlag von Richard Thoma: *Parl. Rat, Bd. 13* (Fn. 136), S. 1017 f. m. Fn. 70.

155 Josef Isensee: *Idee und Gestalt des Föderalismus im Grundgesetz*, in: Josef Isensee/Paul Kirchhof (Hg.): *Handbuch des Staatsrechts der Bundesrepublik Deutschland*, Bd. VI. 3. Aufl. Heidelberg 2008, § 126 Rn. 322 ff.

ist, solange das Grundgesetz gilt, unseren Gestaltungsmöglichkeiten allerdings verschlossen; selbst bei Einstimmigkeit im Bundestag und Zustimmung aller Bundesländer[156] wäre ein Einheitsstaat auf deutschem Boden auf verfassungsrechtlich zulässige Weise nicht realisierbar.

b) Das ist der eine problematische Aspekt: Art. 79 Abs. 3 GG umfaßt Gehalte, die keineswegs zwingend zum unaufgebbaren Verfassungskern freiheitlicher Demokratien gehören. Der andere problematische Aspekt bezieht sich darauf, daß auch insofern einschlägige Elemente (Rechtsstaat, Demokratie, Grundrechte) einer zu weitreichenden interpretativen Vereinnahmung unterworfen werden können. Es besteht im einen wie im anderen Falle die vielleicht durch eine gewisse Eigendynamik verfassungsrechtlicher Interpretation verstärkte Tendenz, die von Art. 79 Abs. 3 GG umhegten Normgehalte (namentlich die dort erwähnten »Grundsätze«) zu extensiv zu interpretieren und um Aussagen anzureichern, deren Ewigkeitswert starken Zweifeln unterliegt. An entsprechenden Beispielen herrscht kein Mangel. Ich beschränke mich auf wenige.

aa) So ist, um sogleich mit der bundesstaatlichen Ordnung zu beginnen, von Seiten der Staatsrechtslehre vertreten wor-

156 Dies ist der wesentliche Unterschied zur US-Verfassung, die in Art. V (letzter Halbsatz) der Sache nach vorschreibt, daß die föderale Gliederung nur mit Zustimmung aller Gliedstaaten aufgehoben werden kann. Auch im Parlamentarischen Rat war die föderale Ordnung lange Zeit »nur« mit besonders hohen Änderungsanforderungen geschützt worden; ohne nähere Erläuterung und aus bis heute nicht ganz geklärten Gründen schlug man diesen Komplex dann in den letzten Tagen vor Verabschiedung des Grundgesetzes zur Gänze der Ewigkeitsklausel zu (näher Dreier [Fn. 130], *Art. 79 III Rn. 5, 7, 47*).

den, der Ewigkeitsgarantie unterfalle auch die im Parlamentarischen Rat heftig und lange umstrittene, letztlich zugunsten des Bundesratsmodells entschiedene Lösung der Frage der Beteiligung der Länder auf Bundesebene.[157] Das möglicherweise vorzugswürdige amerikanische Senatsmodell mit direkt gewählten Abgeordneten für das Zweite Haus ist dieser Auffassung gemäß für alle Ewigkeit exkludiert und könnte auch durch eine noch so einvernehmliche Verfassungsänderung nicht eingeführt werden. Selbst die einigermaßen spezielle Figur des Zustimmungsgesetzes wurde schon der Ewigkeitsgarantie zugeordnet.[158]

Daß nicht alle Aspekte des überaus vielgestaltigen Rechtsstaatsprinzips zur »Tabuzone«[159] des Art. 79 Abs. 3 GG gehören können, findet *in abstracto* viele Anhänger; das hindert sie aber *in concreto* nicht daran, im je einen oder anderen Fall bestimmte exegetische Ableitungen wie justizstaatliche Garantien oder die Rückwirkungs- und Vertrauensschutzjudikatur des Verfassungsgerichts für sakrosankt zu erklären.[160] Beim Demokratieprinzip wiederum gestaltet

157 Für Unantastbarkeit des Bundesratsmodelles etwa Theodor Maunz/Günter Dürig: *Art. 79 Abs. 3 (1960), Rn. 36 m. Fn. 1*, in: dies. u.a. (Hg.): *Grundgesetz. Kommentar*. München (a.A. nunmehr in der Neubearbeitung Matthias Herdegen: ebd., *Art. 79 [2008], Rn. 99 ff.* [»völlige(r) Verzicht auf ein föderales Mitwirkungsorgan«, Rn. 100]); Zacharias: *Ewigkeitsgarantie* (Fn. 153), S. 73 f. – Die überwiegende Meinung sieht dies anders: Dreier (Fn. 130), *Art. 79 III Rn. 24* m.w.N.

158 Hans-Ulrich Evers: *Art. 79 Abs. 3 (1982), Rn. 218*, in: Rudolf Dolzer u.a. (Hg.): *Bonner Kommentar zum Grundgesetz*. Heidelberg – Gegentendenz im hier vertretenen Sinne bei Bodo Pieroth: *Politischer Freiraum zur Umgestaltung des Bundesstaats*, in: Zeitschrift für Rechtspolitik 41 (2008), S. 90–92.

159 Tatjana Hörnle: *Grob anstößiges Verhalten*. Frankfurt/M. 2005, S. 117.

160 Siehe etwa Herdegen (Fn. 157), *Art. 79 Rn. 146* (»enge Auslegung«) einerseits, *Rn. 148* (Normenklarheit, Vertrauensschutz und Rückwirkungsverbot) andererseits; die Schwierigkeit präziser Abgrenzung zeigt sich auch bei Kirchhof: *Identität* (Fn. 134), § 21 Rn. 86.

sich die Lage so, daß eine mögliche Erweiterung des grundgesetzlichen Formenarsenals um Elemente der direkten Demokratie, wie sie es mittlerweile in allen sechzehn Bundesländern gibt, von manchen für praktisch völlig ausgeschlossen oder nur in minimalen Dosen (Befragung, Initiativrecht) für zulässig erachtet wird.[161] Allenthalben begegnet also eine sei es juristisch-professionelle, sei es eher verfassungspolitisch motivierte Tendenz zu »normativen Zementierungen«.[162]

bb) Und wie steht es bei den Grundrechten? Auch hier ist die Versuchung zur normativen Zementierung groß. Man erinnert sich vielleicht noch daran, wie zu Beginn der 1990er Jahre der Reform des Asylrechts, sofern sie notwendigerweise auch Art. 16 GG umfaßte, von prominenten Staatsrechtslehrern mit Hinweis auf den »Menschenwürdekern des Asylrechts« und den entsprechenden Ewigkeitsgehalt die Verfassungsmäßigkeit abgesprochen wurde.[163] Seinerzeit hat das Bundesverfassungsgericht solchen Versuchen gegenüber Standfestigkeit bewiesen und den verfassungsändernden Gesetzgeber sogar als nicht gehindert angesehen, das Asylgrundrecht als solches aufzuheben.[164] Danach hat es allerdings den Fall gegeben, daß Verfassungsänderungen im Grundrechtsbereich von zwei Richterinnen

161 Mit äußerst restriktiver Tendenz etwa Rupert Scholz: *Krise der parteienstaatlichen Demokratie*. Berlin 1983, S. 6 ff.; Josef Isensee: *Am Ende der Demokratie – oder am Anfang?* Berlin 1995, S. 31 ff.

162 Wendung von Maunz/Dürig (Fn. 157), *Art. 79 Abs. 3 Rn. 31.*

163 Bodo Pieroth/Bernhard Schlink: *Menschenwürde- und Rechtsschutz bei der verfassungsrechtlichen Gewährleistung von Asyl*, in: *Festschrift für Ernst Gottfried Mahrenholz*. Baden-Baden 1994, S. 669–699 (669 ff.; Zitat S. 676).

164 BVerfGE 94, 49 (103 f.).

des Ersten Senats des Bundesverfassungsgerichts als Verstoß gegen Art. 79 Abs. 3 GG angesehen wurden, nämlich in Bezug auf diejenigen Ergänzungen zu Art. 13 GG (Unverletzlichkeit der Wohnung), die der verfassungsändernde Gesetzgeber nach langen und quälenden politischen Auseinandersetzungen im Jahre 1998 für unumgänglich im Kampf gegen die organisierte Kriminalität erachtet hatte.[165] Im Klartext heißt das: so etwas wie der sog. Große Lauschangriff hätte nach Auffassung von immerhin zwei Richterinnen wegen Verstoßes gegen Art. 79 Abs. 3 GG nicht eingeführt werden dürfen und dürfte dies auch bis in alle verfassungsrechtliche Ewigkeit nicht. Und was hat man, wie hier nur kursorisch vermerkt werden kann, in der rechtswissenschaftlichen Literatur über die Lehren vom Menschenwürdegehalt der Grundrechte und vergleichbare Inklusionsstrategien nicht alles als änderungsfest auszuflaggen versucht![166]

cc) Werfen wir abschließend einen kurzen Blick auf landesverfassungsrechtliche Entwicklungen und speziell auf Bayern, die zur Mahnung dienen können. Denn während das Bundesverfassungsgericht bislang immerhin noch keine einzige Verfassungsänderung als Verstoß gegen Art. 79 Abs. 3 GG erachtet und dem verfassungsändernden Gesetzgeber insofern berechtigterweise Raum gelassen hat, wurde die Gefahr exegetischer Expansion von Ewigkeitsgarantien vom Bayerischen Verfassungsgerichtshof in besonders dra-

165 Einfügung der Art. 13 Abs. 3–6 GG. Das Minderheitenvotum findet sich in BVerfGE 109, 279 (382 ff.).

166 Ein mehrere hundert Seiten starker Überblick nun bei Sönke E. Schulz: *Änderungsfeste Grundrechte*. Frankfurt/M. 2008.

stischer Weise demonstriert. Art. 75 Abs. 1 der Bayerischen Verfassung (BV) erklärt in einer strukturell dem Grundgesetz vergleichbaren Weise die »demokratischen Grundgedanken« der Verfassung für unabänderlich. Darunter versteht das Gericht in einem ersten viel zu weiten Ausgriff »alle wesentlichen Merkmale freiheitlicher, rechtsstaatlicher Demokratie in der Ausprägung, die sie in der Bayerischen Verfassung gefunden hat«[167] – und verfehlt damit den Sinn des Art. 75 BV, nur die demokratischen *Grund*gedanken einem absoluten Schutz zu unterstellen. Schon dies illustriert plastisch und drastisch »die jeder ›Ewigkeitsklausel‹ inhärente Gefahr der Identifizierung der ›altbewährten‹ augenblicklichen Ausgestaltung mit dem kraft Überverfassungsrangs Gebotenen«.[168]

Ganz problematisch wird es dann bei der Konkretisierung im Einzelfall, wie sich an der Entscheidung des Gerichts vom 31. März 2000 zu dem vom Verein »Mehr Demokratie e.V.« angestrengten Volksbegehren demonstrieren läßt, das auf die Erleichterung direktdemokratischer Entscheidungsprozesse durch Änderung der Bayerischen Verfassung abzielte.[169] Denn die in der Judikatur des

167 So BayVerfGHE 52, 104 (122 ff.); 53, 42 (60); 53, 81 (94 ff).

168 So treffend Fabian Wittreck: *Direkte Demokratie und Verfassungsgerichtsbarkeit*, in: Jahrbuch des öffentlichen Rechts der Gegenwart 53 (2005), S. 111–185 (140), der in Bezug auf die konkrete Judikatur des Bayerischen Verfassungsgerichtshofs zur Zulässigkeit direkter Demokratie fortfährt, daß mit diesem Verständnis »haargenau die geltende Macht- und Rollenverteilung von direkter und indirekter Demokratie (noch dazu in einer höchst anfechtbaren Rekonstruktion) als der Verfassung vorgeordnet ausgewiesen« werde (S. 141). Der *status quo* wird auf diese Weise gegen Verfassungsänderungen immunisiert. Auf Wittrecks minutiöse Rekonstruktion und kritische Analyse der Judikatur greife ich im folgenden zurück und verweise für alle näheren Details auf seine wertvolle Darstellung.

169 Sachverhaltsschilderung: BayVerfGHE 53, 42 (44 ff.).

Bayerischen Verfassungsgerichtshofs zuvor *de constitutione lata*, also zur Verfassung in ihrer jeweils gegebenen positiven Textgestalt, entwickelten Grundsätze werden vom Gericht nunmehr im Wege der Hochzonung als änderungsfeste Grundgedanken ausgeflaggt und somit der Ewigkeitsgarantie der Bayerischen Verfassung unterstellt.[170] Damit immunisiert man die eigene frühere Spruchpraxis gegen Vorschläge zur Verfassungsänderung und hält sich in systemwidriger Weise den verfassungsändernden Gesetzgeber vom Leib. *Erstes Beispiel*: Einer stark und mit guten Gründen angefochtenen Judikatur des Gerichts zufolge umfaßt Art. 73 BV, wonach ein Volksentscheid über den Staatshaushalt nicht stattfindet, praktisch alle irgendwie budgetrechtlichen Maßnahmen und läßt so viele Volksbegehren schon in frühem Stadium scheitern. Der Vorstoß, diese Rechtsprechung qua Verfassungsänderung zu korrigieren und sich so etwa dem Zustand in der Schweiz anzunähern, wo budgetrechtlich relevante Volksentscheide gang und gäbe sind, wird mit dem Argument zurückgewiesen, Art. 73 BV zähle (in der vom Gericht praktizierten und höchst umstrittenen Interpretation!) zu den unveränderlichen demokratischen Grundgedanken im Sinne des Art. 75 BV.[171] So verleiht man eigenen Urteilen »Überverfassungsrang«[172] und erklärt im Grunde nebenbei die Schweizer Praxis für undemokratisch. *Zweites Beispiel*: Auch die freie Sammlung der Unterschriften (also außerhalb der Amtsstu-

170 Subtile Gesamt- und Detailanalyse bei Wittreck: *Demokratie* (Fn. 168), S. 138–151.

171 BayVerfGHE 53, 42 (60, 67 ff.). Kritisch Wittreck: *Demokratie* (Fn. 168), S. 144–147.

172 Wittreck: *Demokratie* (Fn. 168), S. 144, 148.

ben) ist in Bayern nicht allein gesetzlich ausgeschlossen (wogegen letztlich nichts spricht). Sie bleibt der Judikatur des Gerichts zufolge weit darüber hinausgehend auch auf ewig exkludiert,[173] d.h. sie könnte nicht einmal durch einstimmiges Votum des Landtages und des Volkes eingeführt werden – und das, obwohl eine derartige freie Sammlung gängige Praxis in anderen Bundesländern wie Niedersachsen oder auch in den Kantonen der Schweiz ist. Befremdliche Konsequenz: was dort als rechtlich zulässig und verfassungsrechtlich unbedenklich gilt, wird in Bayern nicht nur anders gehandhabt, was ganz unproblematisch war und ist; sondern jene Praktiken unterfallen dem Verdikt, dem ewig unabänderlichen demokratischen Grundgedanken der Bayerischen Verfassung zu widersprechen. Ist Demokratie wirklich in dieser Weise teilbar? *Drittes Beispiel*: Für alle bayerische Verfassungsewigkeit gilt dem Urteil des Bayerischen Verfassungsgerichtshofes nunmehr auch eine Absenkung des Quorums für Volksbegehren von derzeit zehn auf fünf Prozent als ausgeschlossen, weil damit gegen den »demokratischen Grundgedanken« der Bayerischen Verfassung verstoßen würde.[174] Frage: Warum reichen fünf Prozent der Mitglieder des Bayerischen Landtages aus, um eine Gesetzesinitiative anzustoßen, nicht aber fünf Prozent der bayerischen Wähler?

Wohlgemerkt geht es bei alledem nicht um das verfassungs*politische* Für und Wider entsprechender Regelungen und ihrer Sinnhaftigkeit. Es geht allein um den exorbitanten Anspruch, bestimmte Normen für alle Zeiten dem Zugriff

173 BayVerfGHE 53, 42 (71 f.). Kritisch Wittreck: *Demokratie* (Fn. 168), S. 149 f.

174 BayVerfGHE 53, 42 (69 f.). Kritisch Wittreck: *Demokratie* (Fn. 168), S. 147 ff.

des verfassungsändernden Gesetzgebers (und d.h. in Bayern immer auch: des Volkes) zu entziehen. Ferner geht es darum, daß infolge der Judikatur des Bayerischen Verfassungsgerichtshofes der ewig unantastbare Kerngehalt des Demokratieprinzips nunmehr in Bayern abweicht von dem anderer Länder der Bundesrepublik und auch von dem im Bund. Das ist nicht als sympathieheischende bayerische Folklore zu begrüßen, sondern als ein massives verfassungsrechtliches Übel zu erkennen und zu benennen.

c) Fassen wir zusammen: Ewigkeitsklauseln sind insbesondere dann problematisch, wenn sie mehr als den harten Kern freiheitlicher demokratischer Ordnungen umfassen. Sie produzieren aber auch abgesehen davon erhebliche Probleme, weil infolge exegetischer Ableitungen und anderer Interpretationsusurpationen die »Stahlkammer« juristischer Unantastbarkeiten ständig mit neuen Beutestücken gefüllt wird. Die dadurch bewirkte »Verkrustung des Verfassungsgefüges«[175] birgt die Gefahr in sich, gerade jene Faktoren zu fördern, die man eigentlich bekämpfen will. Denn wenn es keine *evolutionären* Möglichkeiten zur Veränderung der Verhältnisse gibt, brechen sich möglicherweise, ja gezwungenermaßen die *revolutionären* Kräfte Bahn. Neu ist diese Erkenntnis nicht. Schon vor mehr als 25 Jahren hat Brun-Otto Bryde, derzeit amtierender Verfassungsrichter des Ersten Senats, kritisch darauf hingewiesen, daß das Grundgesetz möglicherweise einer freiheitlich-friedlichen Fundamentalerneuerung des politischen Gemein-

175 Herdegen (Fn. 157), *Art. 79 Rn. 112.*

wesens keinen probaten Weg weise und nur die »Alternative zwischen Verfassungserstarrung und Revolution« biete.[176]

Allerdings scheint – jedenfalls bei unbefangener Lektüre – ein dritter Weg in Gestalt des Art. 146 GG offen, der die Geltungsdauer des Grundgesetzes begrenzt und von einer neuen Verfassung spricht. Und vielleicht meinte der Parlamentarische Rat 1949 sogar, der Bannkreis des Art. 79 Abs. 3 GG lasse sich relativ weit ziehen, weil man allgemein von einer Ablösung des Grundgesetzes im Zuge der Wiedervereinigung ausging – also davon, dessen Gehäuse schon alsbald wieder verlassen und einen kompletten Neubau errichten zu können.[177]

176 Bryde: *Verfassungsentwicklung* (Fn. 100), S. 251, der selbst einen dritten (Aus-)Weg über die Aktualisierung des *pouvoir constituant* vorschlägt (S. 249 ff.).

177 Angedeutet bei Ulrich Scheuner: *Art. 146 und das Problem der verfassunggebenden Gewalt* (1953), in: Hanns Kurz (Hg.): *Volkssouveränität und Staatssouveränität*. Darmstadt 1970, S. 288–300 (294 f.): »starre Festlegung der Verfassungsbasis … nur erträglich, weil das GG für die Zukunft den Weg einer Gesamtrevision in Art. 146 GG eröffnet.«

IV. Verfassungsablösung Art. 146 GG zwischen totem Recht und lebendiger Option

Schon Art. 79 Abs. 3 GG ist eine höchst ungewöhnliche Norm. Art. 146 GG aber scheint noch ausgefallener. Denn daß eine Verfassung ihr Außerkrafttreten regelt und somit selbst die Voraussetzungen ihres eigenen Untergangs bestimmt, kommt außergewöhnlich selten vor.[178] Und sicher ist das der zentrale Grund dafür, daß Art. 146 GG heute eine der am heftigsten umstrittenen Normen des Grundgesetzes überhaupt darstellt. Die Variationsbreite der unterschiedlichen Interpretationen ist Legion.[179]

Ursprünglich lautete der Schlußartikel: »Dieses Grundgesetz verliert seine Gültigkeit an dem Tage, an dem eine Verfassung in Kraft tritt, die von dem deutschen Volke in freier Entscheidung beschlossen worden ist.«[180] In perfekter Entsprechung zur Präambel, die die Genese des Grundgesetzes thematisierte, war mit dieser Schlußbestimmung sein

178 Zu den wenigen Parallelen Horst Dreier: *Art. 146 Rn. 1 ff.*, in: ders. (Hg.): *Grundgesetz-Kommentar*, Bd. III. 2. Aufl. Tübingen 2008; dort *Rn. 17* Hinweise auf funktionale Äquivalente in Gestalt von Totalrevisionen bzw. Gesamtänderungen, wie man sie explizit in der Schweiz, Österreich, Spanien und Bulgarien kennt.

179 Statt vieler Martin Heckel: *Die Legitimation des Grundgesetzes durch das deutsche Volk*, in: Josef Isensee/Paul Kirchhof (Hg.): *Handbuch des Staatsrechts der Bundesrepublik Deutschland*, Bd. VIII. Heidelberg 1995, § 197 Rn. 86 ff.; Dreier (Fn. 178), *Art. 146 Rn. 29 ff., 37 ff.*; knapp, aber präzise Ewald Wiederin: *Die Verfassunggebung im wiedervereinigten Deutschland*, in: Archiv des öffentlichen Rechts 117 (1992), S. 410–448 (411 f.).

180 Text dieser alten Fassung (a.F.) des Art. 146 bei Horst Dreier/Fabian Wittreck (Hg.): *Grundgesetz. Textausgabe mit sämtlichen Änderungen und andere Texte zum deutschen und europäischen Verfassungsrecht.* 4. Aufl. Tübingen 2009, S. 140 mit Fn. 2.

Ende ins Auge gefaßt, das in der Perspektive des Jahres 1949 ja nur als Provisorium die Zeit bis zur Wiedervereinigung überbrücken und insofern eine Art Notdach bilden sollte – um dem »staatlichen Leben für eine Übergangszeit eine neue Ordnung zu geben«, wie es die Präambel in ihrer ursprünglichen Fassung klar und deutlich formulierte.[181] Nach dieser Übergangszeit sollte das deutsche Volk, von besatzungsrechtlicher Bevormundung frei und unter Einschluß der in der damaligen SBZ lebenden Mitbürger, über eine neue Verfassung befinden.[182] Das Grundgesetz sah also in der Naherwartung der deutschen Wiedervereinigung und der damit verbundenen Möglichkeit einer neuen, in freier Selbstbestimmung erfolgenden Verfassunggebung seine eigene Abdankung vor, stellte sich sozusagen unter einen einigungsbedingten Ablösungsvorbehalt.

Niemand konnte seinerzeit ahnen, daß bis zur beglückenden (wenn auch zwischenzeitlich in weite Ferne gerückten, politisch gern verdrängten und von vielen auch gar nicht mehr wirklich erhofften) Wiedervereinigung vier Jahrzehnte vergehen sollten. Im *annus mirabilis* 1989 kam sie – doch das Grundgesetz blieb. Längst hatte es sich vom Provisorium über ein Transitorium hin zur stabilen Basis der Bundesrepublik und zum überragenden Element ihrer Identität entwickelt. Außerdem ließen die Rasanz der politischen Entwicklung und die drängenden ökonomischen Probleme weder Zeit noch Raum für einen umfänglichen

181 Abdruck der Ursprungsfassung bei Dreier/Wittreck: *Grundgesetz* (Fn. 180), S. 16 mit Fn. 1.

182 Das ist in der Literatur ganz unbestritten und nicht nur in den Beratungen des Parlamentarischen Rates vielfach dokumentiert. Vgl. nur Michael F. Feldkamp: *Der Parlamentarische Rat 1948-1949*. Göttingen 1998, S. 22 f., 45 f., 57, 61 f., 99, 175, 182 u.ö.

und diskussionsintensiven gesamtdeutschen Verfassunggebungsprozeß. Dahingehende Vorstöße und Vorschläge vermochten sich daher nicht durchzusetzen.[183] Heute wissen wir ohnehin, wie schmal das Zeitfenster seinerzeit für die glückliche und im übrigen nur im Einklang mit den alliierten Siegermächten zu erringende Wiedervereinigung war. Diese wurde nicht auf dem Wege einer neuen, gemeinsamen Verfassunggebung bewerkstelligt, sondern durch vertraglich herbeigeführten Beitritt mit dem völkerrechtlichen Einigungsvertrag zwischen der Bundesrepublik Deutschland und der Deutschen Demokratischen Republik als zentraler und letztlich alles entscheidender Grundlage: er war es, »der den Beitritt und seine Folgen in einer umfassenden Weise selbst regelte«.[184] Dieser Einigungsvertrag ließ nun allerdings auch das Grundgesetz nicht unberührt, weil es – einmaliger Sonderfall – durch diesen völkerrechtlichen Vertrag *uno actu* selbst geändert wurde.[185] Dabei erfuhr neben anderen Bestimmungen auch Art. 146 GG eine Umgestaltung, indem man nach den Eingangsworten »Dieses Grundgesetz« einen Relativsatz einschaltete. Die neue Fassung (n.F.) des Art. 146 GG lautet seitdem:

183 Zu den seinerzeitigen Debatten und Vorstellungen zusammenfassend: Peter Lerche: *Der Beitritt der DDR – Voraussetzungen, Realisierung, Wirkungen*, in: Josef Isensee/Paul Kirchhof (Hg.): *Handbuch des Staatsrechts der Bundesrepublik Deutschland*, Bd. V. 3. Aufl. Heidelberg 2007, § 194 Rn. 12 ff.; Jörn Ipsen: *Der Staat der Mitte*. München 2009, S. 344 ff.

184 Hasso Hofmann: *Zur Verfassungsentwicklung in der Bundesrepublik Deutschland*, in: Staatswissenschaften und Staatspraxis 6 (1995), S. 155-181 (158). Dazu, daß die Rede vom (bloßen) »Beitritt« der DDR nicht den tatsächlichen rechtlichen Vorgängen entspricht, auch Horst Dreier: *Das Grundgesetz – eine Verfassung auf Abruf?*, in: Aus Politik und Zeitgeschichte 18–19/2009, S. 19–26 (21 f.).

185 Die »Irregularität« (Hofmann: *Verfassungsentwicklung* [Fn. 184], S. 157) dieser Verfassungsänderung korrespondierte der politisch solitären Situation. Zur (nicht unbestrittenen) Einmaligkeit des Vorganges Horst Dreier: *Art. 79 I Rn. 15*, in: ders.: *GGK* II (Fn. 72).

»Dieses Grundgesetz, das nach Vollendung der Einheit und Freiheit Deutschlands für das gesamte deutsche Volk gilt, verliert seine Gültigkeit an dem Tage, an dem eine Verfassung in Kraft tritt, die von dem deutschen Volke in freier Entscheidung beschlossen worden ist.« Mehr geschah letztlich nicht.[186]

Das hinderte allerdings zahlreiche Vertreter der deutschen Staatsrechtslehre nicht daran, Art. 146 n.F. GG nunmehr für obsolet oder für verfassungswidriges Verfassungsrecht zu halten, einer mittlerweile längst abgelaufenen Geltungsbefristung zu unterwerfen oder in anderer Weise zu marginalisieren.[187] Die Schlußbestimmung des Grundgesetzes, so der weitverbreitete Tenor, entfalte keine normative Wirkung mehr, das Versprechen oder doch die Möglichkeit einer neuen, das Grundgesetz ablösenden Verfassung sei hinfällig. Keine legale Option führt dieser Sichtweise gemäß noch über das Grundgesetz hinaus, dem es auf diese Weise offenbar doch gelungen ist, seinen ursprünglich limitierten Geltungsanspruch unbegrenzt zu perpetuieren. Die Wahrheit des Erfahrungssatzes, wonach nichts dauerhafter ist als ein Provisorium, erfährt so eine glänzende Bestätigung. Der Ewigkeitsanspruch des Grundgesetzes scheint perfekt, die Tür zu einer neuen Verfassung endgültig geschlossen.

186 Natürlich waren im Vorfeld heftige politische Diskussionen über die Frage einer (völligen) Abschaffung oder (unveränderten) Beibehaltung des Art. 146 GG entbrannt, und das Ergebnis war schließlich ein Kompromiß (vgl. Dreier [Fn. 178], *Art. 146 Rn. 12*). Aber für die verfassungsrechtliche Bewertung kommt es entscheidend darauf an, welche Veränderung es im Normtext des Grundgesetzes letztendlich gegeben bzw. eben nicht gegeben hat, und nicht, was diese oder jene politische Partei sich in sachlichem Einklang mit der Bewertung dieses oder jenes Staatsrechtslehrers erhofft und verfassungspolitisch für richtig gehalten hat.

187 Überblick zu diesen Thesen und Positionen bei Wiederin: *Verfassunggebung* (Fn. 179), S. 417 ff., 427 ff.; Dreier (Fn. 178), *Art. 146 Rn. 29–36.*

1. Funktionsverlust des Art. 146 a.F. GG qua Wiedervereinigung?

Wie kam es zu dieser Deutung, die zwar nicht eine absolut herrschende, so doch aber nach wie vor stark verbreitete ist – und die hier, um das sogleich zu sagen, nicht geteilt wird? Entscheidend war eine Lesart des Art. 146 a.F. GG, die die Norm ganz auf eine Option zur Wiedervereinigung reduzierte und sie nach deren Erlangung für überflüssig hielt, gleichsam durch den vertraglich herbeigeführten Beitritt als erledigt ansah. Man deutete Art. 146 a.F. GG als reinen Wiedervereinigungsartikel, dem der Gegenstand abhanden gekommen war. Prototypisch für diese Sichtweise sind etwa die zeitnahen Stellungnahmen von Josef Isensee, Paul Kirchhof und anderen, die von beeindruckender Durchschlagskraft waren und schon wegen verbreiteter, wenn auch diffuser Veränderungsängste auf denkbar große Aufnahmebereitschaft stießen.[188] Nun ist zweifelsohne richtig, daß die Wiedervereinigung nicht über den Weg des Art. 146 GG herbeigeführt wurde: das hätte ein Vorgehen vorausgesetzt, mit dem zusätzlich auch und zugleich die Verabschiedung einer neuen Verfassung einhergegangen wäre. An diesen Umstand knüpft man aber nun die viel weitergehende Folgerung, daß Art. 146 GG damit völlig gegenstandslos geworden sei. Beitritt nach Art. 23 a.F. GG[189] und Verfassunggebung nach Art. 146 GG seien zwei alternative, sich

188 Josef Isensee: *Staatseinheit und Verfassungskontinuität*, in: VVDStRL 49 (1990), S. 39–69; ders.: *Schlußbestimmung des Grundgesetzes: Artikel 146*, in: Isensee/Kirchhof: *HStR* VII (Fn. 99), § 166 Rn. 23 ff., 47; Paul Kirchhof: *Brauchen wir ein erneuertes Grundgesetz?* München 1992, S. 14 ff.

189 Nach dieser durch den Einigungsvertrag aufgehobenen Norm (Abdruck: Dreier/Wittreck, *Grundgesetz* [Fn. 180], S. 30 mit Fn. 1) war das Grundgesetz »[i]n anderen Teilen Deutschlands ... nach deren Beitritt in Kraft zu setzen.«

Feier zur Deutschen Einheit in Berlin am 3. Oktober 1990.
Auf der Freitreppe vor dem Reichstag: (v. l.) Willy Brandt, Hans-Dietrich Genscher, Hannelore Kohl, Helmut Kohl, Richard von Weizsäcker, Lothar de Maizière.

wechselseitig ausschließende Möglichkeiten zur Herbeiführung der deutschen Einheit gewesen. Mit der Entscheidung für die Beitrittslösung wird Art. 146 a.F. in dieser Sichtweise gleichsam von Art. 23 a.F. GG konsumiert. Eigentlich hätte die Schlußbestimmung dieser Auffassung gemäß also gestrichen werden müssen.[190] Dieser verfassungspolitischen Vorstellung verliehen entscheidungsnahe Kommentare mit drastischen Formulierungen Nachdruck: der Fortbestand des Art. 146 GG wirke als »Sprengladung unter dem Fundament des Grundgesetzes« oder stelle eine »Zeitbombe im Verfassungsgehäuse« dar.[191] Da es aber zur Streichung nicht kam, spricht man der nur geringfügig erweiterten neuen Fassung des Artikels nun den Status einer völlig neuen Norm mit einem gänzlich neuen Aussagegehalt und einem in der Sache stark reduzierten Regelungsbereich zu (»Novation«): Art. 146 n.F. GG ist infolge dieses Kunstgriffes keine Norm zur Verfassungs*ablösung* mehr, sondern bestenfalls noch eine zur Verfassungs*erneuerung* in den Schranken des Art. 79 GG.[192] Ungeachtet seiner Beibehaltung verurteilt man den Schlußartikel auf diese Weise praktisch zur Wirkungslosigkeit.

Freilich trifft die zentrale Voraussetzung dieser Position nicht zu – und daher gehen auch die Annahmen über die vermeintlich gegen Null tendierende Bedeutung der Neu-

190 Deutliche Forderungen dieser Art etwa bei Isensee: *Staatseinheit* (Fn. 188), S. 53; Christian Starck: *Deutschland auf dem Wege zur staatlichen Einheit*, in: Juristenzeitung 45 (1990), S. 349–358 (354); Richard Bartlsperger: *Verfassung und verfassunggebende Gewalt im vereinten Deutschland*, in: Deutsches Verwaltungsblatt 105 (1990), S. 1285–1301 (1297 f.).

191 Erstes Zitat: Martin Kriele: *Eine Sprengladung unter dem Fundament des Grundgesetzes*, in: Die Welt Nr. 190 vom 16.8.1990, S. 5. Zweites Zitat: Josef Isensee: *Selbstpreisgabe des Grundgesetzes?*, in: Frankfurter Allgemeine Zeitung Nr. 199 vom 28.8.1990, S. 10.

192 Maßgeblich Isensee: *Schlußbestimmung* (Fn. 188), § 166 Rn. 53 ff.

fassung sämtlich in die Irre. Man kann und darf die Schlußbestimmung des Grundgesetzes nicht als reinen Artikel zur Herbeiführung der deutschen Einheit lesen, dem mit deren Eintritt gleichsam der Gegenstand abhanden gekommen ist. Verkannt wird damit, daß Art. 146 GG von Beginn an eine Doppelfunktion[193] erfüllte: er war zum einen gedacht als möglicher Weg zur deutschen Einheit und enthielt insofern eine Antwort auf die *Wiedervereinigungsfrage*; zum zweiten sah er die Ablösung des Grundgesetzes in freier Entscheidung des ganzen deutschen Volkes ohne besatzungsrechtliche Bindungen vor und enthielt insofern eine Antwort auf die *Verfassungsfrage*. Die Erledigung der einen Funktion (Wiedervereinigung) ließ die andere (Verfassunggebung) unberührt. Die wirkungsmächtige polemische Diskreditierung dieser richtigen Auffassung als »Draufsattel-Theorie«[194] suggerierte erfolgreich eine überzogene Anspruchshaltung jener, die sich in ihrer scheinbaren Maßlosigkeit nicht mit der Wiedervereinigung im Rahmen des alten Grundgesetzes zufrieden geben wollten, sondern auch noch eine neue und womöglich andere Verfassung erstrebten. Für das Draufsattelbild gab es große politische Nachfrage, aber keinen tragfähigen verfassungsrechtlichen Grund. Das sieht die neuere monographische Literatur zu Stellenwert und Reichweite der Schlußbestimmung des Grundgesetzes, die seit jenen bewegten und bewegenden Tagen im etwas ruhigeren akademischen Klima entstanden ist, mittlerweile ganz überwiegend genauso. Keine von

193 Dazu näher Wiederin: *Verfassunggebung* (Fn. 179), S. 424 ff.; Dreier (Fn. 178), *Art. 146 Rn. 25 ff.*

194 Isensee: *Schlußbestimmung* (Fn. 188), § 166 Rn. 49.

mehreren gründlichen und soliden Arbeiten, so unterschiedlich sie sonst nach Herkunft und Konzeption ausfallen, teilt noch die Auffassung vom konsumtiven Konnex zwischen Wiedervereinigung und Art. 146 a.F. GG.[195] Wie sehr jene These fehlgeht, läßt sich neben systematischen und teleologischen Argumenten[196] mit nicht geringerer Eindeutigkeit vor allem den Beratungen im Parlamentarischen Rat entnehmen. Frühzeitig hatte dort Carlo Schmid die Bedeutung des Schlußartikels mit den Worten charakterisiert: »die endgültige Verfassung der Republik Deutschland wird nicht als Abänderung dieses Grundgesetzes gemacht werden, sondern wird als originärer Gesamtakt des deutschen Volkes ins Leben treten«.[197] Im Zuge der Schlußberatungen führte er dann sachlich unverändert und erneut unwidersprochen zunächst zu Art. 23 a.F. GG aus: »Das *Anwendungsgebiet* des Grundgesetzes ist nicht ›geschlossen‹. Jeder Teil Deutschlands kann ihm beitreten. Aber auch der Beitritt aller deutschen Gebiete wird dieses Grundge-

195 Karlheinz Merkel: *Die verfassungsgebende Gewalt des Volkes*. Baden-Baden 1996, S. 27 ff., 33 ff., 87 ff.; Henning Moelle: *Der Verfassungsbeschluß nach Artikel 146 Grundgesetz*. Paderborn 1996, S. 155 ff., 163 f., 193; Birgitta Stückrath: *Art. 146 GG: Verfassungsablösung zwischen Legalität und Legitimität*. Berlin 1997, S. 79 ff., 106 ff. Ebenso Sebastian Blasche: *Die grundsätzliche Mitwirkung der Länder bei der Gesetzgebung*. Baden-Baden 2006, S. 29 ff., 43 ff., 55 f.; Scriba: *Revolution* (Fn. 126), S. 322 ff.

196 Dazu näher Dreier (Fn. 178), *Art. 146 Rn. 30 f.*

197 8. Sitzung des Ausschusses für Grundsatzfragen v. 7.10.1948, abgedruckt in: *Der Parlamentarische Rat 1948–1949. Akten und Protokolle,* Bd. 5/1: *Ausschuß für Grundsatzfragen*, bearbeitet von Eberhart Pikart und Wolfram Werner. Boppard am Rhein 1993, S. 172–219 (178).

198 9. Sitzung des Plenums vom 6.5.1949, abgedruckt in: *Der Parlamentarische Rat 1948–1949. Akten und Protokolle,* Bd. 9: *Plenum*, bearbeitet von Wolfram Werner. Boppard am Rhein 1996, S. 429–503 (438). Eingehend dazu Moelle: *Verfassungsbeschluß* (Fn. 195), S. 161 ff.

setz nicht zu einer gesamtdeutschen Verfassung machen können.«[198] Und direkt zu Art. 146 GG stellte er fest: »Die neue, die echte Verfassung unseres Volkes wird also nicht im Wege der Abänderung dieses Grundgesetzes geschaffen werden, sie wird *originär* entstehen, und nichts in diesem Grundgesetz wird die Freiheit des Gestaltungswillens unseres Volkes beschränken, wenn es sich an diese Verfassung machen wird.«[199] Noch deutlicher kann man die Unabhängigkeit von Beitritt und Verfassung nicht formulieren.

Die Beendigung des räumlichen Provisoriums (Art. 23 a.F. GG) implizierte daher keineswegs die Beendigung des sachlichen Provisoriums (Art. 146 GG). Es gab eben, wie es Ernst Gottfried Mahrenholz in einem Vortrag bei der Carl Friedrich von Siemens Stiftung im Jahre 1991 auf den Punkt brachte, »zwei Wege zur Einheit, aber nur einen zur *Verfassung*.«[200] Die Erledigung der Wiedervereinigungsfrage bedeutete nicht zugleich die Erledigung der Verfassungsfrage. Der Weg zu einer neuen Verfassung steht vielmehr nach wie vor offen.[201]

199 *Parl. Rat,* Bd. 9 (Fn. 198), S. 444; vertiefend Wiederin: *Verfassunggebung* (Fn. 179), S. 421 ff.

200 Ernst Gottfried Mahrenholz: *Die Verfassung und das Volk*. München 1992, S. 27.

201 Wie hier, wenngleich mit Nuancen im Detail, etwa Mahrenholz: *Verfassung* (Fn. 200), S. 33 ff., 41; Wiederin: *Verfassunggebung* (Fn. 179), S. 417 ff., 430 ff., 442; Moelle: *Verfassungsbeschluß* (Fn. 195), S. 155 ff., 164 ff., 193 f.; Merkel: *Gewalt* (Fn. 195), S. 27 ff., 33 ff., 87 ff.; Stückrath: *Art. 146 GG* (Fn. 195), S. 79 ff., 106 ff., 179 ff.; Bodo Pieroth: *Das Grundgesetz als Gesellschaftsvertrag*, in: Karl Gabriel/Hermann-Josef Große Kracht (Hg.): *Brauchen wir einen neuen Gesellschaftsvertrag?* Wiesbaden 2005, S. 53–67 (65); Blasche: *Mitwirkung* (Fn. 195), S. 29 ff., 43 ff., 55 f.; Scriba: *Revolution* (Fn. 126), S. 325 ff.

2. Marginalisierung des Art. 146 n.F. GG?

Dieser Weg steht offen ohne jedes wenn und aber – und das heißt ohne Marginalisierung und Rückstufung der normativen Bedeutung des Schlußartikels in seiner neuen Fassung. Dafür spricht schon, daß die Norm entgegen vielfachen politischen Forderungen durch den Einigungsvertrag eben nicht völlig gestrichen, sondern nur um einen – zudem vorrangig außenpolitisch motivierten[202] – Einschub erweitert worden ist. Gegenläufig kann man sich ja fragen, durch welchen Zusatz der verfassungsändernde Gesetzgeber seinen Willen noch deutlicher hätte bekunden können, die Verfassungsablösung als weiterhin gültige Option zu erhalten. Daß die bloße Ergänzung des Art. 146 GG um den besagten Relativsatz nicht zu einer fundamentalen Bedeutungsminderung führen konnte, versteht sich eigentlich schon deshalb von selbst, weil der verfassungsändernde Gesetzgeber gar nicht befugt gewesen wäre, die Option des Art. 146 GG aufzuheben oder substantiell einzuschränken. Denn genauso wie der verfassungsändernde Gesetzgeber den Kreis der durch Art. 79 Abs. 3 GG geschützten Rechtsgüter nicht erweitern oder verengen darf,[203] genausowenig darf er die vom Verfassunggeber eröffnete Möglichkeit der Schlußbestimmung ausschalten. Er darf nicht einfach selbstverewigend tätig werden. Daß er das nicht getan hat, sondern lediglich die Klarstellung vollzogen wurde, wonach durch den vertraglich herbeigeführten Beitritt der

202 Dazu Mahrenholz: *Verfassung* (Fn. 200), S. 34; eingehend Moelle: *Verfassungsbeschluß* (Fn. 195), S. 135 ff.

203 Dreier (Fn. 130), *Art. 79 III Rn. 54, 58*.

Schlußartikel nicht automatisch seines Geltungsgehaltes verlustig gegangen ist, macht bereits der weithin unveränderte *Wortlaut* hinlänglich deutlich. Eine entsprechende Klarstellung war insbesondere deswegen notwendig geworden, weil in der deutschen Staatsrechtslehre die erwähnte unzutreffende Auffassung viele Anhänger gewonnen hatte, wonach Art. 146 a.F. GG infolge der deutschen Wiedervereinigung funktions- und gegenstandslos geworden sei. Es entbehrt sicher nicht einer gewissen Finesse, wenn man zunächst den verfassungsändernden Gesetzgeber aufgrund einer unrichtigen Lesart vom Verhältnis zwischen Art. 23 und Art. 146 GG zu einer »Klarstellung« drängt, um diese anschließend fälschlich als Novation einzuordnen und dann womöglich noch mit der Begründung einer angeblichen Kompetenzüberschreitung als verfassungswidriges Verfassungsrecht zu geißeln.[204] Aber unseren Beifall kann ein solches Vorgehen nicht finden.

Als nicht zustimmungswürdig erweist sich auch diejenige Interpretationsrichtung, die Art. 146 n.F. inhaltlich ganz den Vorgaben des Art. 79 Abs. 3 GG unterwerfen will[205] und damit die sachliche Entwertung des Schlußartikels, seine Entkernung sozusagen, besonders plastisch her-

204 Erneut diskussionsprägend Josef Isensee, der Art. 146 a.F. GG zunächst für den Fall der Beschreitung des Weges zur Einheit über Art. 23 a.F. GG als obsolet ansah und daher dessen Streichung verlangte (*Staatseinheit* [Fn. 188], S. 53), der Norm nach ihrer Beibehaltung den Status einer Novation attestierte (*Schlußbestimmung* [Fn. 188], § 166 Rn. 53 ff., insbes. 54, 58), die Qualifizierung als verfassungswidriges Verfassungsrecht nur durch eine vorgeblich »verfassungskonforme Auslegung« (Rn. 60) vermeidet und sie im Ergebnis den Voraussetzungen des Art. 79 GG (Rn. 61) unterwirft.

205 Isensee: *Schlußbestimmung* (Fn. 188), § 166 Rn. 61; Kirchhof: *Brauchen wir* (Fn. 188), S. 15; Hans D. Jarass: *Art. 146 Rn. 4*, in: ders./Bodo Pieroth (Hg.): *Grundgesetz-Kommentar*. 10. Aufl. München 2009; w. N. bei Moelle: *Verfassungsbeschluß* (Fn. 195), S. 23 f.

vortreten läßt. Denn dagegen spricht zusätzlich zu den bereits erwähnten Gründen das Argument der *Gesetzessystematik*: hätte man Art. 146 GG als bloße Revisionsnorm in den Schranken des Art. 79 GG neu konzipieren wollen, hätte sich seine Plazierung im Umfeld der Regelungen über die Grundgesetzänderung angeboten und nicht ihre Beibehaltung als über das Grundgesetz hinausweisende Schlußbestimmung.[206] Deren Thema ist und bleibt eben nicht die Änderung der bestehenden, sondern die Schaffung einer neuen Verfassung. Art. 146 GG erlaubt, was Art. 79 Abs. 3 GG verbietet: das Gehäuse des Grundgesetzes zu verlassen und eine (formell, keineswegs zwingend inhaltlich) neue Verfassung zu kreieren. Darin liegt der unveränderte *Sinn und Zweck* des Schlußartikels, der nicht einfach mit dem Hinweis auf die Lehre vom ohnehin ungebundenen und jederzeit aktivierbaren *pouvoir constituant* des Volkes eskamotiert werden kann. Art. 146 n.F. GG bestätigt nicht lediglich deklaratorisch Sieyes' Lehre von der unveräußerlich beim Volk liegenden, juristisch nicht eingrenzbaren verfassunggebenden Gewalt.[207] Diese Selbstverständlichkeit mußte nicht in die Form einer so hervorgehobenen Schlußnorm des Grundgesetzes gegossen werden. Das widerspräche schon der methodologischen Grundregel, wonach Rechtsnormen im allgemeinen und Verfassungsnormen im

206 Treffend Michael Sachs: *Das Grundgesetz im vereinten Deutschland – endgültige Verfassung oder Dauerprovisorium?*, in: Juristische Schulung 31 (1991), S. 985–991 (989); Wiederin: *Verfassunggebung* (Fn. 179), S. 437.

207 So aber Peter Badura: *Das Grundgesetz – Verfassung für Deutschland*, in: Bernd Guggenberger/Tine Stein (Hg.): *Die Verfassungsdiskussion im Jahr der deutschen Einheit*. München-Wien 1991, S. 325–335 (332 f.); Lerche: *Beitritt* (Fn. 183), § 194 Rn. 64; Rupert Scholz: *Aufgaben und Grenzen einer Reform des Grundgesetzes*, in: *Festschrift für Peter Lerche zum 65. Geburtstag*. München 1993, S. 65–81 (69); w.N. bei Moelle: *Verfassungsbeschluß* (Fn. 195), S. 211 f.; Merkel: *Gewalt* (Fn. 195), S. 72 ff.

besonderen sich nicht in Hinweisen auf Selbstverständlichkeiten erschöpfen, sondern regulativ wirken wollen. Und reguliert wurde und wird mit Art. 146 GG – darin liegt ja gerade seine unveränderte Besonderheit – die Ausübung der verfassunggebenden Gewalt, die sich in einen an bestimmte Voraussetzungen gebundenen Ablösungsvorgang des Grundgesetzes einbezogen sieht.

Schließlich und endlich handelt es sich beim Grundgesetz auch nicht, wie in einem besonders kühnen Akt der Interpretation vorgetragen worden ist, nach der Wiedervereinigung plötzlich um jene »Verfassung«, von der Art. 146 GG unverändert spricht.[208] Denn damit wird so getan, als ob es mittlerweile eine Gesamtdeutsche Verfassung vom 3. Oktober 1990 gäbe, die an die Stelle des Grundgesetzes vom 23. Mai 1949 getreten ist. Von daher hätten wir, wie hier nur beiläufig angemerkt sei, im Jahre 2009 keinesfalls das 60jährige Grundgesetzjubiläum feiern dürfen. Doch als neuer Akt der Verfassunggebung lassen sich weder die einzelnen rechtlichen Schritte West- und Ostdeutschlands zur Herbeiführung der Einheit noch die konkreten Vorgänge der friedlichen Revolution in der DDR oder die allgemeine Wiedervereinigungsbegeisterung stilisieren.[209] Schon bei Sieyes ist nachzulesen, daß die Nation zwar frei in der Wahl der Form bei der Ausübung ihrer Souveränität ist, diese aber nicht formlos ausüben kann.[210] Für eine neue Verfassung im Sinne des Art. 146 GG fehlt es an konkreten rechts-

208 So aber etwa Bartlsperger: *Verfassung* (Fn. 190), S. 1297, 1300 f.; Isensee: *Schlußbestimmung* (Fn. 188), § 166 Rn. 61; Kirchhof: *Brauchen wir* (Fn. 188), S. 16.

209 Ausführlicher Dreier (Fn. 178), *Art. 146 Rn. 45*.

210 Siehe Pasquale Pasquino: *Die Lehre vom »pouvoir constituant« bei Emmanuel Sieyès und Carl Schmitt*, in: Helmut Quaritsch (Hg.): *Complexio Oppositorum*. Berlin 1988, S. 371–385 (374); Hafen: *Staat* (Fn. 34), S. 96 ff.

förmlichen Akten und dem deutlich artikulierten Willen eines dazu in besonderer Weise legitimierten Subjekts. Vor allem aber fehlt es an einer rational nachvollziehbaren Erklärung dafür, wodurch der vertraglich vereinbarte Beitritt der neuen Bundesländer den im Schlußartikel angesprochenen Akt der Verfassunggebung realisiert haben soll. Nicht von ungefähr hat sich ein kritischer Beobachter angesichts solcher Vorstellungen an das »Mirakel der Transsubstantiation« erinnert gefühlt: »über die mittels eines völkerrechtlichen Vertrages unter besatzungsrechtlichen Einschränkungen von Stellvertretern bewirkte Ausdehnung des räumlichen Geltungsbereiches des Grundgesetzes verwandelt sich dieses unter Beibehaltung seiner äußeren Gestalt substantiell in eine vom ganzen deutschen Volk in freier Entscheidung beschlossene Verfassung.«[211] Solche wundersamen Wandlungen sind dem Verfassungsrecht fremd.[212]

3. Art. 146 GG als normative Brücke zu einer neuen Verfassung

Räumt man nun einmal die ganzen Irrungen und Wirrungen der fehlgehenden Interpretationen beiseite, so tritt der im Grunde recht klare Sinn des Art. 146 GG in alter wie neuer Fassung hinlänglich deutlich hervor: die Norm zeigt (nicht mehr, aber auch nicht weniger), daß eine Verfassung

211 Hofmann: *Verfassungsentwicklung* (Fn. 184), S. 160.

212 Bereits bei Zweig: *Lehre* (Fn. 15), S. 5 f. mit Fn. 1 findet sich der auf eine zeitgenössische Staatslehre bezogene Hinweis, daß »die Transsubstantiation Sache des Glaubens ist, nicht der Erkenntnis«.

durchaus die Voraussetzungen ihres eigenen Unterganges regeln kann. Aus juristischer Sicht liegt der entscheidende Zweck der Bestimmung darin, daß es in diesem Falle eines Bruches mit der alten Verfassung nicht bedarf. Eine (juristische) Revolution wird überflüssig. Die neue Verfassung wird nicht in den Bereich »konstitutioneller Illegalität«[213] abgedrängt, sondern von der alten, dem Grundgesetz, ausdrücklich zugelassen. Der Schlußartikel gewährleistet den normativ geordneten Übergang zu einem neuen Akt grundlegender Verfassunggebung durch das ganze deutsche Volk, befreit also vom Zwang zu einer (juristischen) Revolution.[214] Art. 146 GG baut eine normative Brücke zwischen altem Grundgesetz und neuer Verfassung.[215] Er will gerade vermeiden, daß sich die verfassunggebende Gewalt des Volkes »nur im Umsturz«[216] gegenüber der vorhergehenden Ordnung artikulieren kann. Stattdessen werden auf Verfassungsebene Bestrebungen zur Aktivierung eines originär rechtsschöpfenden *pouvoir constituant* legalisiert. Auch handelt es sich insofern ganz im Gegensatz zu einer verbreiteten Wahrnehmung keineswegs um eine Norm der Destabilisierung, sondern der Stabilisierung, indem sie Schutz vor dem Zwang zur Revolution bietet und eine Normativitätsbrücke baut. Brücken verbinden – es ist unklug, sie zu sprengen. Und niemand zwingt uns, sie zu betreten.

213 Winterhoff: *Verfassung* (Fn. 50), S. 302.

214 Vgl. Wiederin: *Verfassunggebung* (Fn. 179), S. 416. Von der »Nabelschnur der Legalität« spricht Murswiek: *Gewalt* (Fn. 61), S. 135.

215 Dreier (Fn. 178), *Art. 146 Rn. 36.*

216 So aber Udo Di Fabio: *Der neue Art. 23 des Grundgesetzes*, in: Der Staat 32 (1993), S. 191–217 (213).

Im übrigen ist die von Art. 146 GG zugelassene Möglichkeit einer gewissermaßen vollständigen Neuregelung der verfassungsrechtlichen Grundlagen gar nicht so besonders und außergewöhnlich, wie die bundesdeutsche Diskussion suggeriert. Denn offen steht dieser Weg in allen Verfassungen, die eine Ewigkeitsgarantie in Gestalt des Art. 79 Abs. 3 GG nicht kennen, sondern der Verfassungsänderung keine materiellen Beschränkungen auferlegen. Hier bedarf es einer Norm wie des Art. 146 GG nicht, weil die Reichweite der verfassungsändernden Gewalt ohnehin unbeschränkt ist. In den Verfassungen der Schweiz und Österreichs sind sogar ausdrückliche Vorschriften für eine Verfassungsneuschöpfung im Wege der Totalrevision (Schweiz) bzw. der Gesamtänderung (Österreich) vorgesehen.[217]

In summa: Die zentrale Botschaft des Art. 146 GG hieß und heißt unverändert: wir können (wir müssen nicht, aber wir können!) ohne juristische Revolution, das heißt ohne Bruch der Rechtskontinuität,[218] vom Provisorium des territorial beschränkten und unter Besatzungsherrschaft entstandenen Grundgesetzes zu einer neuen gesamtdeut-

217 Zur Schweiz Ulrich Häfelin/Walter Haller/Helen Keller: *Schweizerisches Bundesstaatsrecht*. 7. Aufl. Zürich 2008, Rn. 1754 ff.; Giovanni Biaggini: *Grundlagen und Grundzüge staatlichen Verfassungsrechts: Schweiz*, in: Armin von Bogdandy/Pedro Cruz Villalón/Peter M. Huber (Hg.): *Handbuch Ius Publicum Europaeum*, Bd. I. Heidelberg 2007, § 10 Rn. 29 ff. (mit dem Hinweis in Rn. 35 darauf, daß ungeachtet der Schranke, wonach die zwingenden Bestimmungen des Völkerrechts zu beachten seien, der schweizerischen Bundesverfassung Ewigkeitsklauseln nach deutschem Recht fremd seien). Zu Österreich Ewald Wiederin: *Grundlagen und Grundzüge staatlichen Verfassungsrechts: Österreich*, ebd., § 7 Rn. 27 ff., 35 ff.; Robert Walter/Heinz Mayer/Gabriele Kucsko-Stadlmayer: *Grundriss des österreichischen Bundesverfassungsrechts*. 10. Aufl. Wien 2007, Rn. 481 ff.

218 Darauf stellt ab Hans Kelsen: *Reine Rechtslehre*. 2. Aufl. Wien 1969, S. 213; siehe auch Wiederin: *Verfassunggebung* (Fn. 179), S. 415.

schen Verfassung in Eigenregie gelangen. Möglicherweise ist das ein weiterer Beleg für die mehrfach von Carl Schmitt zitierte Sentenz, wonach die Deutschen ein rührend legalitätsbedürftiges Volk seien.[219] Darin ließe sich im übrigen auch kein Mangel erkennen – eher schon in der spießigen Antibürgerlichkeit und dem Salon-Revolutionären, das in der Sentenz mitschwingt.

4. Aktivierung des Art. 146 GG im europäischen Integrationsprozeß

Ohnehin werden wir dieses Legalitätsbedürfnis möglicherweise irgendwann einmal an ganz anderer Stelle oder Quelle stillen müssen. Nämlich dann, wenn sich der europäische Integrationsprozeß so verdichten und intensivieren sollte, daß wir mehr als nur metaphorisch von den »Vereinigten Staaten von Europa« zu sprechen hätten; wenn sich also die Bundesrepublik Deutschland nicht anders als die sonstigen Mitgliedstaaten zu einem Gliedstaat des souveränen Bundesstaates Europäische Union herabgestuft sehen würde. Einen solchen Vorgang halten nun nicht wenige Staatsrechtslehrer für dauerhaft ausgeschlossen, und zwar wie-

219 Carl Schmitt: *Das Problem der Legalität* (1950), in: ders.: *Aufsätze* (Fn. 90), S. 440–451 (446): »Den Deutschen ist nachgesagt worden, daß sie ein ›rührend legalitätsbedürftiges Volk‹ sind.« Einen Autor für die zitierte Wendung nennt er hier ebensowenig wie bei einer ähnlichen Erwähnung zwei Jahrzehnte zuvor (Carl Schmitt: *Das Problem der innerpolitischen Neutralität des Staates* [1930], ebd., S. 41–59 [48]), wo vom »›rührenden Legalitätsbedürfnis‹ der Deutschen« die Rede ist. In einem Brief an Wilhelm Hennis vom 5. Dezember 1968 (abgedruckt in: Dorothee Mußgnug [Hg.]: *Briefwechsel Ernst Forsthoff–Carl Schmitt* [1926–1974]. Berlin 2007, S. 495) benennt Schmitt als Urheber Rudolf Smend.

derum unter Hinweis auf Art. 79 Abs. 3 GG.[220] Doch wird dabei dessen thematische Reichweite verkannt: die Ewigkeitsgarantie wendet sich an den verfassungsändernden Gesetzgeber und bezieht sich insgesamt auf das Staatsgebilde der Bundesrepublik Deutschland als einen souveränen Staat, nicht auf ein aliud wie den Teilstaat einer supranationalen Föderation. In der Rückstufung Deutschlands zu einem Gliedstaat der Vereinigten Staaten von Europa wäre aber ein Identitätswechsel zu sehen, weil das einen veränderten verfassungsrechtlichen Gesamtstatus zur Folge hätte. Und für einen solchen »Identitätswechsel der Verfassung«[221] von einem souveränen Gemeinwesen hin zum Gliedstaat eines Bundesstaates Europa bedürfte es einer neuen Grundentscheidung des deutschen Volkes, für die im geltenden Verfassungsrecht allein Art. 146 GG eine tragfähige Grundlage bietet.[222] Ich glaube also nicht, daß ein solcher europäischer Bundesstaat durch Art. 79 Abs. 3 GG auf ewig ausgeschlossen ist – das schiene mir auch arg unhistorisch gedacht. Doch muß darüber vom gesamten deutschen Volk in freier Selbstbestimmung befunden werden. Es mag sich also die Weisheit der Verfassungsväter bei der Schaffung des Schlußartikels auf einem Feld erweisen, an das sie seinerzeit kaum gedacht haben werden. Für die hier vertre-

220 Maßgeblich Kirchhof: *Identität* (Fn. 134), § 21 Rn. 26, 69, 84; w.N. aus der Literatur bei Dreier (Fn. 130), *Art. 79 III Rn. 55*.

221 Dreier (Fn. 130), *Art. 79 III Rn. 57*; ders. (Fn. 178), *Art. 146 Rn. 16*: »Identitätswechsel der Bundesrepublik Deutschland«.

222 So auch (mit im einzelnen differierenden Gründen) Wiederin: *Verfassunggebung* (Fn. 179), S. 445 ff.; Moelle: *Verfassungsbeschluß* (Fn. 195), S. 231; Peter M. Huber: *Art. 146 Rn. 18*, in: Michael Sachs (Hg.): *Grundgesetz-Kommentar*. 5. Aufl. München 2007; Nachweis weiterer Stimmen und Gegenstimmen bei Dreier (Fn. 178), *Art. 146 Rn. 16*.

tene Position läßt sich mittlerweile zusätzlich das Bundesverfassungsgericht anführen: hat es doch in seinem Lissabon-Urteil ausdrücklich davon gesprochen, über einen »Identitätswechsel der Bundesrepublik Deutschland« müßten die Bürger gemäß Art. 146 GG entscheiden.[223] Vielleicht bringt das auch die bislang noch herrschende Meinung in der Staatsrechtslehre etwas ins Wanken.

223 BVerfG, 2 BvE 2/08 v. 30.6.2009, Absatz 179; abrufbar unter: http://www.bverfg.de/entscheidungen/es20090630_2bve000208.html (28.7.2009); vgl. bei Fn. 221.

V. Verfassungssakralisierung Das Grundgesetz zwischen säkularer Existenzbehauptung und Heiligkeitsanmutung

Die Kunstfertigkeit, die Leidenschaft, ja zuweilen der Furor, mit dem das Grundgesetz vor seiner vermeintlichen Selbstgefährdung durch Art. 146 GG gerettet wird, hat durchaus etwas Beeindruckendes. Nicht verkannt sei insbesondere die tiefe Sorge, die bei manchen Autoren mitschwingt, man könnte Bewährtes und Erprobtes zugunsten einer ungewissen Verfassungszukunft aufs Spiel setzen.[224] Diese Sorge setzt starke Schutzinstinkte frei, so daß die Grenzen zwischen Verfassungspolitik und Verfassungsdogmatik schon einmal leichtfüßig übersprungen werden – und im übrigen ganz eigentümliche Frontverkehrungen zu beobachten sind:[225] Waren es doch eher konservative Staatsrechtslehrer, die die (links-)liberale Konzentration auf die Verfassung lange Zeit als Staatsvergessenheit angeprangert hatten, bei der die eigentlich unvergängliche Instanz, der Staat, aus seiner dominanten Stellung verdrängt werde – und die nun das Grundgesetz in der Phase der Wiedervereinigung, also einer neuen nationalstaatlichen Grundsituation, um jeden Preis bewahrt sehen wollten, während eher (links-)liberale Autoren, die das konkrete Staatsrecht der

224 Zum Beispiel Peter Lerche: *Art. 146 GG: Auftrag zur Neuverfassung Deutschlands?*, in: *Festschrift für Nikolaus Lobkowicz zum 65. Geburtstag*. Berlin 1996, S. 299–309 (301).

225 Hinweis auf diese Frontverkehrung bei Hasso Hofmann: *Über Verfassungsfieber*, in: Ius Commune XVII (1990), S. 310–317 (310).

Bundesrepublik stets dezidiert als Verfassungsrecht des Grundgesetzes ausbuchstabiert hatten, sich dem Prozeß einer möglichen neuen Verfassunggebung gegenüber sehr viel aufgeschlossener zeigten.

1. Sakralisierungstendenzen

Möglicherweise ist die noch immer vorherrschende Negation der fortbestehenden Wirkkraft des Art. 146 GG im Sinne einer status-quo-Sicherung aber auch als weitere Facette einer Entwicklung zu begreifen, die sich als wachsende Sakralisierung des Grundgesetzes umschreiben ließe. Jedenfalls mehren sich seit geraumer Zeit Stimmen und Beobachtungen, die einen solchen Trend ausmachen. Schon aus Anlaß einer Rückschau auf vierzig Jahre Grundgesetz hatte ein so scharfsichtiger wie scharfzüngiger Autor wie Dieter Simon eine »quasi-religiöse Aufwertung der Verfassung« diagnostiziert.[226] Ganz ähnlich beklagte Josef Isensee die Gefahr, das Grundgesetz als »eine Art weltlicher Bibel zu betrachten«,[227] und Hasso Hofmann vermerkte, es gewönne in der geistigen Welt der Legalität langsam eine Art von »säkularem Ewigkeitscharakter«.[228] Man hat dem

226 Dieter Simon: *Zäsuren im Rechtsdenken*, in: Martin Broszat (Hg.): *Zäsuren nach 1945*. München 1990, S. 153–167 (165).

227 Josef Isensee: *Tabu im freiheitlichen Staat*. Paderborn u.a. 2003, S. 48; vertiefend ders.: *Vom Stil der Verfassung*. Opladen-Wiesbaden 1999, S. 36, 57 ff., 64 ff.; eher unkritisch-konstatierend Otto Depenheuer: *Auf dem Weg in die Unfehlbarkeit?*, in: *Festschrift für Martin Kriele zum 65. Geburtstag*. München 1997, S. 485–505 (490): »Verfassungen sind säkularisierte Offenbarungen.«

228 Hasso Hofmann: *Recht, Politik und Religion*, in: Juristenzeitung 59 (2003), S. 377–385 (379), wo es anschließend heißt: »Die Verfassung als eine dauerhafte, sakralisierte Ordnung wird der normalen Gesetzgebung entrückt, das Produkt von Politik in eine Sphäre jenseits der Politik versetzt.«

Grundgesetz bescheinigt, daß es zum Gegenstand einer Verehrung geworden sei, die längst »Züge von Frömmigkeit und des Glaubens« trage.[229] Ist unsere Verfassung nun aber erst einmal in eine höhere sakrale Sphäre entrückt, erscheint der Gedanke an ihre Ablösung nicht nur als historischer Unverstand, rechtsdogmatische Fehlanalyse oder verfassungspolitische Torheit, sondern im Grunde als Sakrileg.

2. *Vorbild USA?*

Eine solche Form der Verfassungsapotheose ist in den Vereinigten Staaten von Amerika nun praktisch von Anbeginn heimisch gewesen. Hier galten schon die frühen Verfassungen der Gliedstaaten dem Urteil Thomas Paines zufolge als »politische Bibel«,[230] und die US-Verfassung von 1787 wuchs spätestens seit dem Ende des Bürgerkrieges in die Rolle einer hymnisch verehrten Schrift hinein: nicht zeitgebundenes Produkt einer bestimmten historischen Situation, geschaffen von fehlbaren Personen und somit fallibles Men-

229 So Gerd Roellecke: *Das Ansehen des Bundesverfassungsgerichtes und die Verfassung*, in: Michael Piazolo (Hg.): *Das Bundesverfassungsgericht*. Mainz 1995, S. 33–48 (48), der dort auch von »Verfassungsfrömmigkeit« spricht.

230 Mit konkretem Bezug auf Pennsylvania heißt es bei Paine: *Rights* (Fn. 26), S. 187: »It [i.e.: the Constitution, H.D.] was the political bible of the state. Scarcely a family was without it. Every member of the government had a copy; and nothing was more common, when any debate arose on the principle of a bill, or on the extent of any species of authority, than for the member to take the printed constitution out of their pocket, and read the chapter with which such matter in debate was connected.« An weiterführender Literatur sei genannt Sanford Levinson: *»The Constitution« in American Civil Religion*, in: The Supreme Court Review 1979, S. 123–151; Michael J. Perry: *The Authority of Text, Tradition, and Reason: A Theory of Constitutional »Interpretation«*, in: Southern California Law Review 58 (1985), S. 551–602.

schenwerk, sondern ein Dokument absoluter Wahrheit und höherer Weisheit der »framers«, die ihrerseits zu geradezu übermenschlichen Gestalten und großen Propheten aufrückten.[231] »Constitution as Scripture« ist nicht nur der Titel eines hochinformativen Aufsatzes zum Thema,[232] sondern praktisch eine Zustandsbeschreibung: »Americans have never regarded«, heißt es da in bündiger Zusammenfassung, »the United States Constitution simply as a hierarchially superior statute (...) Rather, it has been, virtually from the moment of its ratification, a sacred symbol, the most potent emblem (along with the flag) of the nation itself.«[233] Diese Art des bis heute ganz ungebrochenen Verfassungsverständnisses hat der deutsche Staatsrechtslehrer Richard Thoma treffend als »Verfassungsheiligung«[234] umschrieben – auch und gerade im Unterschied zu dem prononciert sachlichen Verständnis, das man seinerzeit von der Weimarer Reichsverfassung pflegte. Desgleichen galt das Grundgesetz von 1949 im Gegensatz zur US-Tradition lange Zeit als eher technisches Juristenwerk, zwar nützlich und praktikabel, aber weder besonders aufregend noch starke Emotionen schürend oder gar zu Glaubenskämpfen

231 Siehe nur Gunter Zimmermann: *Das göttliche Geschenk der Union. Studien zu den theologischen Aussagen der »Federalist Papers«*, in: Zeitschrift für Politik 43 (1996), S. 145–173 (145 f.).

232 Thomas C. Grey: *The Constitution as Scripture*, in: Stanford Law Review, 37:1 (1984), S. 1–25.

233 Grey: *Constitution* (Fn. 232), S. 3. Charakterisierung der Verfassung als »säkulare Offenbarung« bei Meltzer: *Revelations* (Fn. 49), S. 49 f. – Gegen einen derartigen »Vergleich der Verfassungsproklamation mit der Selbstoffenbarung Gottes im Dekalog« schon früh ausdrücklich Zweig: *Lehre* (Fn. 15), S. 5 f. mit Fn. 1.

234 Richard Thoma: *Die »Verfassungsheiligung« in Amerika und anderswo* (1927), in: ders.: *Rechtsstaat* (Fn. 58), S. 168–172. Von der »Mythologisierung der amerikanischen Verfassung« sprach Loewenstein: *Wesen* (Fn. 103), S. 57.

einladend.[235] Wenn sich dies nun zunehmend zu ändern scheint, so drängt sich die Frage auf, ob das eigentlich schlimm oder bedenklich ist. Sollte man sich über eine derartige gesteigerte Hochschätzung, die weit über die Anerkennung eines normhierarchisch höherrangigen Rechtskomplexes hinausreicht, nicht eher freuen?

3. Gefahren einer Sakralisierung

Erste Zweifel an ganz ungetrübter Freude kommen auf, wenn man sich die möglichen Folgen einer solchen quasireligiösen Aufladung des Verfassungstextes vergegenwärtigt. Zwar wird man keine direkten oder gar einlinigen Verbindungen zwischen der Härte der amerikanischen (Wort-)Gefechte um Abtreibung[236] oder Bioethik und der Sakralisierung der Verfassung vermuten dürfen. Doch wenn man in ihr nicht lediglich das zeitgebundene Produkt einer verfassunggebenden Versammlung, sondern einen Hort ewiger Weisheit und Speicher letzter Wahrheiten sieht, so liegt die Vermutung nahe, daß die an konkrete Anlässe gebundenen Auslegungskontroversen um dieses Dokument mit gesteigerter Vehemenz geführt werden. Das Maß an Unerbittlichkeit und Unduldsamkeit, das wir aus

235 Man beachte nur die außerordentlich nüchternen ersten Analysen nach Verabschiedung des Grundgesetzes durch Hans Peter Ipsen: *Über das Grundgesetz*. Hamburg 1950, oder Werner Weber: *Die Frage der gesamtdeutschen Verfassung*. München–Berlin 1950. Die seitdem eingetretenen fundamentalen Wandlungsprozesse sind treffend beschrieben von Uwe Volkmann: *Verfassungsrecht zwischen normativem Anspruch und politischer Wirklichkeit*, in: *VVDStRL* 67 (2008), S. 57–93 (62 ff.).

236 Vergleichend zur Abtreibungsdebatte in den USA und Deutschland Myra Marx Ferree et al.: *Shaping Abortion Discourse.* Cambridge/Mass. 2002.

Déclaration des droits de l'homme et du citoyen.
Jean-Jacques-François Le Barbier. Öl auf Leinwand, um 1791.
Paris, Musée Carnavalet.

Glaubenskämpfen aller Art kennen, erfaßt dann auch die Verfassung und läßt die Debatte um ihre treffende Auslegung schnell eskalieren. Noch finsterer wird es, wenn im Namen vermeintlich ewiger Verfassungswerte mit religiöser Inbrunst der missionarische Kampf gegen das Böse ausgerufen und mit militärischen Aktionen exekutiert wird. George W. Bush war nicht der erste und – wie zu befürchten steht – wohl auch nicht der letzte amerikanische Präsident, der auf diese Karte gesetzt hat.[237]

Doch muß man gar nicht solche düsteren – wenngleich eben nicht ganz unrealistischen – Szenarien bemühen, um die unausweichlichen Kosten und Defizite zu benennen, die eine Sakralisierung der Verfassung mit sich bringt. In Mitleidenschaft gezogen werden erstens die Gestaltungsfreiheit des demokratischen Gesetzgebers (dazu a), zweitens die Freiheit der politischen Debatte (b) und drittens die moralische Freiheit des Bürgers (c).

a) Wenn in der Verfassung wie in der Heiligen Schrift alle Antworten auf die zentralen politischen Fragen schon enthalten sind, dann sieht sich der demokratische Gesetzgeber auf eine bloße Vollzugsinstanz der in der Verfassung angeblich gespeicherten Werte und Grundsätze sowie der dort im Grunde immer schon verbindlich vorentschiedenen Konfliktlösung reduziert – und das Bundesverfassungsgericht hebt sie nur ans Licht. Die Verfassung, so hatte vor vielen Jahren schon Ernst Forsthoff gespottet, werde zu einer Art

237 Dazu einige Hinweise bei Manfred Brocker: *Zivilreligion – missionarisches Sendungsbewußtsein – christlicher Fundamentalismus?*, in: Zeitschrift für Politik 50 (2003), S. 119–143 (123 ff.); Marcia Pally: *Der unsichtbare Einfluss des Evangelikalismus auf die US-amerikanische Außenpolitik*, in: dies.: *Die hintergründige Religion*. Berlin 2008, S. 85–115 (107 ff.).

von juristischem Weltenei, aus dem die Gesamtrechtsordnung schlüpft.[238] Demokratische Gesetzgebung erscheint nur noch als bloße Deduktion und mechanische Ableitung aus der Wertordnung des Grundgesetzes, als passiver Nachvollzug des in der Verfassung schon immer Enthaltenen und Gespeicherten, nicht eigentlich als aktiv-politische Gestaltung. Man fühlt sich strukturell ein wenig an die traditionsreiche Naturrechtslehre der katholischen Kirche erinnert, die sich seit jeher »kraft der Gnadengabe der Erleuchtung«[239] dazu befähigt sieht, das ewige Sittengesetz im allgemeinen und den Dekalog im besonderen aktualisierend und konkretisierend zu deuten – um dann in »kreativ-hermeneutisch[er] Auslegung«[240] aus dem sechsten Gebot (»Du sollst nicht ehebrechen«) zwingend das Verbot der Selbstbefriedigung, der Pornographie, der Prostitution und der homosexuellen Handlungen sowie der direkten Sterilisation, der Empfängnisverhütung und der künstlichen Insemination und Befruchtung zu folgern.[241]

Übertragen auf weltliche Verfassungsgrundsätze wie Rechtsstaat, Demokratie oder, besonders wichtig und einschlägig, den Satz von der Menschenwürde heißt das: je mehr man hineinliest, desto geringer werden die Möglichkeiten des Gesetzgebers, Konfliktfälle in eigenständiger Weise zu lösen. Gesetze sind dann nicht mehr Akte autonomer demokratischer Selbstbestimmung, sondern bloße Ableitungen aus der vermeintlichen Wertordnung des

238 Ernst Forsthoff: *Der Staat der Industriegesellschaft*. München 1971, S. 144.

239 Graf: *Moses* (Fn. 17), S. 55.

240 Graf: *Moses* (Fn. 17), S. 56.

241 Vgl. Katechismus der Katholischen Kirche. Kompendium. Bonn 2005, Nr. 492, 498, 499. Aus der Literatur repräsentativ für derartige kleinteilige Folgerungen Johannes Messner: *Das Naturrecht*. 7. Aufl. Berlin 1984, S. 546 ff.

Grundgesetzes.[242] Und über die Korrektheit dieser Ableitungen wacht letztlich das Bundesverfassungsgericht, welches dann schon einmal aus den sehr allgemein gehaltenen und lakonisch formulierten Grundrechten mit bewunderungswürdiger Präzision die Unzulässigkeit eines absoluten Rauchverbotes in Gaststätten von bis zu 75 m² Größe folgert.[243] Auf der Strecke bleibt tendenziell das Verständnis von Gesetzgebung als grundlegender Form politischer Autonomie einer Gesellschaft freier Bürger.

b) Es können sich aber durch die Sakralisierung der Verfassung auch Struktur und Stil der politischen Debatte signifikant ändern. Besonders greifbar wird dies an der Menschenwürde, die das Grundgesetz in Art. 1 Abs. 1 für unantastbar erklärt und mit normativem Höchstrang ausstattet. Sie scheint immer stärker in die Rolle eines Absolutums in einer zutiefst relativistischen Welt hineinzuwachsen, ja in Gestalt der hier verorteten Sakralität der Person geradezu zur Religion der Moderne[244] aufzusteigen. Aber wie es bei religiösen und sonstigen absoluten Wahrheiten nun einmal ist: sie sind nicht der ideale Boden für freie Diskussionen in einer pluralistischen Gesellschaft. Rasch kann durch Rekurs auf letzte und höchste Werte mit ihren ver-

242 Grundsatzkritik an einer (falsch verstandenen) Vorstellung bloßer »Konkretisierung« der Verfassung bei Matthias Jestaedt: *Grundrechtsentfaltung im Gesetz*. Tübingen 1999, S. 135 ff. (insb. 155 ff.), der bezeichnenderweise aus der Defensive argumentieren muß.

243 BVerfGE 121, 317 (vgl. aber die »Abweichende Meinung« des Richters Masing, ebd., S. 381 ff.). Jede noch so marginale Frage kann letztlich zur Verfassungsfrage hochstilisiert werden; siehe Schulze-Fielitz: *Schattenseiten* (Fn. 100), S. 21 ff. mit weiteren Beispielen.

244 So die mit einem Fragezeichen versehene Überschrift des Schlußkapitels bei Hans Joas: *Braucht der Mensch Religion?* Freiburg i. Br. 2004, S. 165 ff.

meintlich eindeutigen Antworten auf konkrete Streitfragen die offene demokratische Auseinandersetzung über die richtige Lösung bestimmter kontrovers diskutierter Probleme abgeschnitten werden. Und wo sie wegen der Hartnäckigkeit, ja »Unbelehrbarkeit« divergenter Auffassungen nicht sogleich komplett abgeschnitten wird, macht sich doch bald eine charakteristische Unduldsamkeit und Herabsetzung gegenüber opponierenden Auffassungen breit. Wer beispielsweise in bioethischen oder in vergleichbar moralisch aufgeladenen Fragen eine Position vertritt, die von der anderen Seite mit voller Inbrunst und vermeintlich absoluter Deckung als Verstoß gegen die Menschenwürde eingestuft wird, vertritt dann eben nicht nur eine falsche andere Meinung, sondern versündigt sich an einer Art von Heiligtum. Ein gewiß unverdächtiger, weil an den harten bioethischen Debatten in Deutschland ganz unbeteiligter Autor aus der Schweiz hat entsprechende Phänomene problemsensibel wahrgenommen: »Der instrumentelle Einsatz der Menschenwürde als struktureller Argumentationsverstärker macht aus jedem politischen Alltagsproblem ein Grundsatzproblem, an dem sich Gut und Böse scheiden. Es ist klar, dass die juristischen und politischen Debatten dadurch verschärft werden, da sie die Gegner verteufeln.«[245] Aus der konkurrierenden verfassungspolitischen Auffassung wird ein Sakrileg, etwas Unethisches, zutiefst Verwerfliches.[246] Bis zur Stigmatisierung der Vertreter abwei-

245 Andreas Kley: *Sakralisierung von Staatsrecht und Politik,* in: *Mélanges en l'honneur de Pierre Moor*. Bern 2005, S. 95–114 (107).

246 Kley: *Sakralisierung* (Fn. 245), S. 109: »Die jeweiligen rechtlichen oder politischen Gegner in einer Kontroverse vertreten nicht einfach eine andere Auffassung, sondern sie weichen in der Grundsatzfrage ab: Es sind Ungläubige.«

chender Auffassungen als Dissidenten und Ungläubige ist es dann nicht mehr weit.[247] Umgekehrt immunisiert sich eine bestimmte (bio-)politische Position gegen durchgreifende Kritik, wenn sie sich erfolgreich als einzig wahre Deutung und Konsequenz der Menschenwürde zu inszenieren vermag.[248] Dies alles ist Gift für den offenen demokratischen Prozeß.

c) Auf der Strecke bleibt schließlich tendenziell die freiheitsfreundliche und freiheitszuträgliche Trennung von Recht und Moral, wenn die Verfassung offenbar zunehmend in die Funktion eines »Moralsubstituts«[249] hineinwächst. Die zum Teil schon obsessive Fixierung und »Selbstentmündigung«[250] der Politik auf das Grundgesetz findet ihr Pendant in der Vorstellung, daß auch unsere relevanten ethischen und moralischen Fragen in der Verfassung bereits ihre definitive, wenn auch erst noch zu dechiffrierende Antwort gefunden hätten. Beides hat etwas Enteignendes – dort des demokratischen Gesetzgebers, hier des einzelnen Bürgers als moralisches Subjekt. In der einen wie

247 Nochmals Kley: *Sakralisierung* (Fn. 245), S. 111: »Die Sakralisierung des Staatsrechts und der Politik schädigt die Demokratie. Denn die sakralen Verfahren beruhen auf autoritären Strukturen, drücken abweichenden Meinungen ein Schandmal auf und polarisieren die politischen Akteure, indem sie die Gegner in einer Debatte (z.B. über Gentechnologie) schlechthin verteufeln.«

248 Denn damit hat man die eigene Position in der auch für den verfassungsändernden Gesetzgeber unzugänglichen »Hochsicherheitszone« (Udo Steiner: *Der Schutz des Lebens durch das Grundgesetz*. Berlin–New York 1992, S. 12) des Art. 79 Abs. 3 GG untergebracht.

249 Martin Morlok: *Entwicklungstendenzen des Grundrechtsschutzes im deutschen Verfassungsrecht – Zur Ausweitung und Intensivierung des Grundrechtsschutzes –*, in: Hartmut Bauer u.a. (Hg.): *Ius Publicum Europaeum*. Stuttgart 2002, S. 41–74 (48).

250 Schulze-Fielitz: *Schattenseiten* (Fn. 100), S. 23.

der anderen Hinsicht wird Verantwortung für das eigene Tun und Denken auf eine höhere Instanz verlagert – und wenn schon nicht »Gott, Kaiser oder Tribun« zur Verfügung stehen, dann muß es jetzt eben das Grundgesetz richten. Diese Sehnsucht nach einem unpolitischen Konsens und einer unanfechtbaren Autorität ist kein Gewinn für die politische Kultur, sondern ein Verlust. Denn dahinter steht die gänzlich unpolitische (und vielleicht typisch deutsche) Vorstellung, die wesentlichen Fragen unseres Lebens in politischer Gemeinschaft seien höheren Ortes bereits gültig und verbindlich vorentschieden. Nicht allein, daß diese Sicherheit eine sehr trügerische sein kann. Es stellt geradezu einen Kolonisierungsprozeß dar, wenn der Einzelne nicht mehr sich und sein Gewissen daraufhin befragen muß, was jeweils moralisch-ethisch richtig ist, sondern die objektiv gültige Antwort einer verabsolutierten Wertordnung entnommen wird, die dem Zustimmenden wie dem Widerstrebenden als Pflichtprogramm übergestülpt wird. Ungeachtet aller inhaltlichen Überlappungen kann nur die prinzipielle Selbständigkeit von Recht und Ethik die Freiheitlichkeit des Gemeinwesens sicherstellen. Andernfalls wäre ein Tugend- oder Gesinnungsstaat die unausweichliche Folge.[251] Das Recht ist, wie man am besten immer noch bei Kant lernen kann, eben keine Minderform der Sittlichkeit, sondern ein *aliud*.[252] Durch ihre Vermengung verlören

251 Hierzu und zum folgenden näher Horst Dreier: *Kants Republik*, in: Juristenzeitung 59 (2004), S. 745–756 (746 ff.).

252 »Die Rechtsordnung soll nicht sittlich sein, sondern Sittlichkeit ermöglichen«. So Hasso Hofmann: *Einführung in die Rechts- und Staatsphilosophie*. 4. Aufl. Darmstadt 2008, S. 166 in hochgradiger Komprimierung der Vorstellung Kants von der »Autonomie des Menschen in der staatlichen Zwangsordnung«.

beide Systeme mit ihren jeweiligen autonomen Rationalitätsstandards, Funktionsweisen und Leitmotiven ihren guten Selbstand.[253] Freiheit etwa meint doch, um ein Beispiel für eine systematische Trennung von Recht und Ethik, Recht und Religion zu nennen, in christlich-theologischer Perspektive beileibe nicht das gleiche wie im verfassungsrechtlichen Sinn der Gewährleistung grundrechtlicher Ansprüche.[254] Und auch wenn das Demokratieprinzip zu den unantastbaren Prinzipien für die Gestaltung der staatlichen Ordnung zählt, steht es einer Religionsgemeinschaft zweifellos frei, ihr Oberhaupt durch ein nur von Männern besetztes Wahlgremium auf Lebenszeit zu bestimmen und mit umfangreichen Vollmachten auszustatten.

Bei einer Moralisierung der Rechtsordnung oder, umgekehrt betrachtet, einer Juridifizierung der Moral, können letztlich beide Seiten nur verlieren: die Integrität individuell basierter Moral ebenso wie die ethisch-weltanschauliche Neutralität des mit Zwangsgewalt ausgestatteten Staates, der auf einer hochgradig pluralistischen Gesellschaft aufruht. Die Juridifizierung der Moral kolonisiert das individuelle Gewissen und die eigenen ethischen Maßstäbe; eine kritische Bewertung des Rechts im Lichte eigener Wertvorstellungen wird strukturell unmöglich. Umgekehrt führt die Moralisierung des Rechts regelmäßig dazu, partikulare Gruppenmoralen mit staatlicher Zwangsgewalt als allgemein verbindliche Normen durchzusetzen, wie man

253 Eindringlich jüngst Albert Janssen: *Fragwürdiger Abschied vom usus politicus legis als Grundlage evangelischen Rechts- und Staatsdenkens*, in: Zeitschrift für evangelisches Kirchenrecht 54 (2009), S. 1–33 (10 ff.).

254 Hofmann: *Herkunft* (Fn. 10), S. 10. Siehe etwa Eberhard Jüngel: *Zur Freiheit eines Christenmenschen* (1978). 3. Aufl. München 1991, insb. S. 54 ff.

das an der BGH-Judikatur aus den 1950er Jahren zu Fragen des vorehelichen Geschlechtsverkehrs oder zur Rollenverteilung zwischen Mann und Frau in der Familie studieren konnte, die sich umstandslos an den Lehrsätzen der katholischen Soziallehre orientierte.[255] Darüber hinausgehend steht der oft erschreckend undifferenzierte »menschenrechtliche Diskurs« unserer Tage in der Gefahr, Vorgaben für die Staatsgewalt nicht mehr eindeutig von der Freiheitssphäre des Bürgers abzugrenzen, sondern von einem einheitlich verpflichtenden Normenkosmos auszugehen. Insbesondere der endemisch gewordene Diskriminierungs-Topos fungiert hier als großer Gleichmacher. Grundrechte aber sind kein ethisches Pflichtprogramm für alle, sondern stellen im Kern Freiheitsrechte dar, die zur Differenzierung berechtigen. Sie sollen den Einzelnen frei-setzen, ihm nicht eine bestimmte Wert- oder Weltanschauung oktroyieren[256] – auch nicht im Namen heiliger Menschenrechte. Freiheit meint immer auch Freiheit zur Distanz dem Staat gegenüber, den demokratischen Verfassungsstaat eingeschlossen.

255 Noch immer lesenswert dazu Wilhelm Weischedel: *Recht und Ethik*. Karlsruhe 1956, S. 6 ff., 19 ff.; Helmut Simon: *Katholisierung des Rechtes?* Göttingen 1962, S. 38 ff.; Werner Maihofer: *Ideologie und Naturrecht*, in: ders.: *Ideologie* (Fn. 29), S. 121–146.

256 Die Warnungen davor, wie sie seit langem geäußert werden, sollten nicht ungehört verhallen. Siehe etwa Hans Welzel: *Naturrecht und materiale Gerechtigkeit*. 4. Aufl. Göttingen 1962, S. 252 f.; Ernst-Wolfgang Böckenförde: *Staatliches Recht und sittliche Ordnung* (1995), in: ders.: *Staat, Nation, Europa*. Frankfurt/M. 1999, S. 208–232 (219 ff.). Illustrativ auch Richard Schröder: *Luther war kein serviler Fürstenknecht*, in: ders.: *Einsprüche und Zusprüche*. Stuttgart–Leipzig 2001, S. 209–219 (213).

4. Vorletzte und letzte Fragen

Gegenüber allen hier skizzierten Phänomenen wie Tendenzen einer solchen »sakralisierende(n) Überhöhung«[257] des Grundgesetzes scheint äußerste Skepsis geboten. Die Verfassung ist keine Bibel, das politische Leben kein Gottesdienst, der Verfassungsexeget kein Hohepriester.[258] Das Grundgesetz wird seine herrschaftslimitierende und freiheitsgarantierende Funktion am besten erfüllen, wenn wir es von jeder Form einer »Verfassungsheiligung« freihalten und uns der Formulierung des Bundesverfassungsgerichts erinnern, wonach das Grundgesetz »den Staat nicht als den Hüter eines Heilsplans« verstehe.[259]

Eine Verfassung hat schon viel, sehr viel, erreicht, wenn sie die rechtsstaatliche Limitation und demokratische Legitimation der Staatsgewalt effektiv organisiert und realisiert sowie die politische wie private Freiheit ihrer Bürger garantiert. Sie gewissermaßen zu totalisieren und auch noch als unerschöpfliche Antwortquelle auf alle uns bewegenden

257 Werner Heun: *Freiheit statt Einheit – Das Grundgesetz*, in: Doris Blume u. a. (Hg.): *Im Namen der Freiheit!* Dresden 2009, S. 74–85 (85).

258 Siehe hingegen Grey: *Constitution* (Fn. 232), S. 22: »In America, without an established church or a monarchy, the robed judges serve as priests.« Er selbst kritisiert eine solche Sichtweise allerdings: »We should not see federal judges as priests ...« (S. 22). »Much less than as priests should we imagine Supreme Court justices as prophets.« (S. 24).

259 BVerfGE 42, 312 (332). Freilich stehen dem gerade in den letzten Jahrzehnten gravierende Prozesse einer Idealisierung und vor allem Ethisierung des Grundgesetzes entgegen, wie sie bei Volkmann: *Verfassungsrecht* (Fn. 235), S. 67 ff. eindringlich analysiert werden: demzufolge meint Verfassungsgeltung mittlerweile womöglich »stärker als je zuvor auch ethische oder moralische Geltung im Sinne einer inneren Folgebereitschaft und Anerkennung« (S. 73) und verkörpert sich in der Verfassung »nun eine Vorstellung des guten und richtigen Zusammenlebens in einem bestimmten Staat« (S. 74). Das sind richtige Beobachtungen, die aber auf durchaus problematische Tendenzen verweisen.

Fragen und zu bewältigenden Zukunftsprobleme zu verstehen, verkennt und überspannt sie – und schwächt sie dadurch. Wir sollten das Grundgesetz ganz nüchtern als Form friedensstiftender und freiheitsgarantierender Herrschaftsrationalisierung begreifen. Schon diese Funktionen stets aufs neue wieder verläßlich zu erfüllen, ist wahrlich nicht leicht. Keinesfalls sollte man einer Verfassung noch Antworten auf die Frage nach dem guten Leben oder der richtigen Weltanschauung zu entlocken suchen. Eine wahre Zivilgesellschaft ist nur ohne eine allgemeinverbindliche Zivilreligion denkbar.

In summa: Die Verfassung ist nicht die Instanz für letzte, sondern nur für vorletzte Fragen. Sinngebung zählt nicht zu den Aufgaben des Staates. Seine Aufgabe ist es vielmehr, individuelle Sinngebungsprozesse zu ermöglichen – und das ist schwer genug. Wie eine Verfassung und damit unser Leben im politischen Gemeinwesen gestaltet sein soll, das müssen wir gemeinsam entscheiden – oder die Entscheidungen unserer Vorfahren akzeptieren und kreativ fortschreiben. Wie hingegen unser persönlicher Weg zum Seelenheil aussieht, entzieht sich demokratischer Abstimmung. Das muß jeder mit sich und seinem Herrgott ausmachen. Oder, wie Max Weber es in seinem Vortrag über Wissenschaft als Beruf, gehalten im November 1917 in München, ausdrückte: da muß jeder den Dämon finden und ihm gehorchen, »der *seines* Lebens Fäden hält.«[260]

260 Max Weber: *Wissenschaft als Beruf* (1917), in: *Max Weber Gesamtausgabe,* Abteilung I, Bd. 17, hg. von Wolfgang J. Mommsen und Wolfgang Schluchter. Tübingen 1992, S. 71–111 (111).

Über den Autor

Horst Dreier, 1954 in Hannover geboren, studierte dort 1975 bis 1981 Rechtswissenschaften im Rahmen der Einstufigen Juristenausbildung und ging danach als Assistent zu Hasso Hofmann an die Universität Würzburg. Die rechtstheoretische Promotion von 1985 befaßte sich mit dem Werk von Hans Kelsen, die Habilitation von 1989 mit dem Zusammenhang von Demokratieprinzip und hierarchischer Verwaltungsorganisation. Nach Stationen in Heidelberg und Hamburg 1995 Rückkehr auf den Lehrstuhl des Habilitationsvaters, der in der Zwischenzeit nach dem Mauerfall an die Humboldt-Universität zu Berlin gegangen war; seitdem Ordinarius für Rechtsphilosophie, Staats- und Verwaltungsrecht an der Bayerischen Julius-Maximilians-Universität Würzburg. Von 2000 bis 2004 Fachgutachter der Deutschen Forschungsgemeinschaft (DFG) für das Gebiet »Rechts- und Staatsphilosophie«; 2001 bis 2007 Mitglied des Nationalen Ethikrates; 2002 Verleihung des Österreichischen Ehrenzeichens für Wissenschaft und Kunst; 2003 Wahl zum ordentlichen Mitglied der Bayerischen Akademie der Wissenschaften (philosophisch-historische Klasse); 2003 bis 2005 Vorsitzender der Vereinigung der Deutschen Staatsrechtslehrer; 2004 bis 2008 Mitglied des DFG-Fachkollegiums Rechtswissenschaften für das Fach »Rechts- und Staatsphilosophie, Rechtsgeschichte, Verfassungsgeschichte«; 2005/06 Fellow des Wissenschaftskollegs zu Berlin; 2007 Wahl zum Mitglied der Deutschen Akademie der Naturforscher Leopoldina (Sektion Kulturwissenschaften); seit 2007 Mitglied des Hochschulbeirates der EKD; 2008 bis 2010 Fellow am Max-Weber-Kolleg für kultur- und sozialwissenschaftliche Studien in Erfurt.

Ausgewählte Veröffentlichungen

Rechtslehre, Staatssoziologie und Demokratietheorie bei Hans Kelsen. Baden-Baden 1986 (2. Aufl. 1990).

Hierarchische Verwaltung im demokratischen Staat. Genese, aktuelle Bedeutung und funktionelle Grenzen eines Bauprinzips der Exekutive. Tübingen 1991.

Dimensionen der Grundrechte. Von der Wertordnungsjudikatur zu den objektiv-rechtlichen Grundrechtsgehalten. Hannover 1993.

Grundrechtsschutz durch Landesverfassungsgerichte. Berlin 2000.

Die deutsche Staatsrechtslehre in der Zeit des Nationalsozialismus. Veröffentlichungen der Vereinigung der Deutschen Staatsrechtslehrer, Heft 60. Berlin 2001.

Grundgesetz-Kommentar. Tübingen 1996 ff. (Bd. I: 1996, 2. Aufl. 2004; Bd. II: 1998, 2. Aufl. 2006; Bd. III: 2000, 2. Aufl. 2008).

Richard Thoma: Rechtsstaat – Demokratie – Grundrechte. Ausgewählte Abhandlungen aus fünf Jahrzehnten, herausgegeben und eingeleitet von Horst Dreier. Tübingen 2008.

THEMEN – Eine Publikationsreihe der Carl Friedrich von Siemens Stiftung

In der Reihe *Themen* wird eine kleine Auswahl der im Wissenschaftlichen Programm der Carl Friedrich von Siemens Stiftung gehaltenen Vorträge in teilweise überarbeiteter und erweiterter Form veröffentlicht. Die Publikationen können von der Stiftung direkt bezogen werden. Vergriffene Bände sind mit dem Vermerk *vgr* gekennzeichnet.

1 Reinhard Raffalt: *Das Problem der Kontaktbildung in der zeitgenössischen Gesellschaft.* 1960. 2. Auflage 1970. 20 S. *vgr*

2 Kurd von Bülow: *Über den Ort des Menschen in der Geschichte der Erde.* 1961. 2. Auflage 1970. 32 S. *vgr*

3 Albert Maucher: *Über das Gespräch.* 1961. 2. Auflage 1970. 22 S. *vgr*

4 Felix Messerschmid: *Das Problem der Planung im Bereich der Bildung.* 1961. 2. Auflage 1970. 34 S.

5 Peter Dürrenmatt: *Das Verhältnis der Deutschen zur Wirklichkeit der Politik.* 1963. 2. Auflage 1970. 40 S. *vgr*

6 Fumio Hashimoto: *Die Bedeutung des Buddhismus für den modernen Menschen.* 1964. 2. Auflage 1970. 36 S. *vgr*

7 Clemens-August Andreae: *Leben wir in einer Überflußgesellschaft?* 1965. 2. Auflage 1970. 28 S. *vgr*

8 Rolf R. Bigler: *Möglichkeiten und Grenzen der Psychologischen Rüstung.* 1965. 2. Auflage 1970. 35 S.

9 Robert Sauer: *Leistungsfähigkeit von Automaten und Grenzen ihrer Leistungsfähigkeit.* 1965. 2. Auflage 1970. 32 S. *vgr*

10 Hubert Schrade: *Die Wirklichkeit des Bildes.* 1966. 66 S. *vgr*

11 Wilhelm Lehmann: *Das Drinnen im Draußen oder Verteidigung der Poesie.* 1968. 24 S. *vgr*

12 Richard Lange: *Die Krise des Strafrechts und seiner Wissenschaften.* 1969. 46 S. *vgr*

13 Hellmut Diwald: *Ernst Moritz Arndt. Das Entstehen des deutschen Nationalbewußtseins.* 1970. 46 S. *vgr*

14 *Zehn Jahre Carl Friedrich von Siemens Stiftung.* 1970. 54 S. *vgr*

15 Ferdinand Seibt: *Jan Hus. Das Konstanzer Gericht im Urteil der Geschichte.* 1973. 58 S. *vgr*

16 Heinrich Euler: *Napoleon III. Versuch einer Deutung.* 1973. 82 S. *vgr*

17 Günter Schmölders: *Carl Friedrich von Siemens. Vom Leitbild des großindustriellen Unternehmers.* 1973. 64 S. *vgr*

18 Ulrich Hommes: *Entfremdung und Versöhnung. Zur ideologischen Verführung des gegenwärtigen Bewußtseins.* 1973. 50 S. *vgr*

19 Dennis Gabor: *Holographie 1973.* 1974. 52 S.

20 Wilfried Guth: *Geldentwertung als Schicksal?* 1974. 44 S.

21 Hans-Joachim Queisser: *Festkörperforschung.* 1975. 2. Auflage 1976. 64 S. *vgr*

22 Ekkehard Hieronimus: *Der Traum von den Urkulturen.* 1975. 2. Auflage 1984. 54 S. *vgr*

23 Julien Freund: *Georges Sorel.* 1977. 76 S. *vgr*

24 Otto Kimminich: *Entwicklungstendenzen des gegenwärtigen Völkerrechts.* 1976. 2. Auflage 1977. 52 S.

25 Hans-Joachim Hoffmann-Nowotny: *Umwelt und Selbstverwirklichung als Ideologie.* 1977. 42 S. *vgr*

26 Franz C. Lipp: *Eine europäische Stammestracht im Industriezeitalter. Über das Vorder- und Hintergründige der bayerisch-österreichischen Trachten.* 1978. 43 S. *vgr*

27 Christian Meier: *Die Ohnmacht des allmächtigen Dictators Caesar.* 1978. 108 S. *vgr*

28 Stephan Waetzoldt und Alfred A. Schmid: *Echtheitsfetischismus? Zur Wahrhaftigkeit des Originalen.* 1979. 72 S. *vgr*

29 Max Imdahl: *Giotto. Zur Frage der ikonischen Sinnstruktur.* 1979. 60 S. *vgr*

30 Hans Frauenfelder: *Biomoleküle. Physik der Zukunft?* 1980. 2. Auflage 1984. 53 S. *vgr*

31 Günter Busch: *Claude Monet »Camille«. Die Dame im grünen Kleid.* 1981. 2. Auflage 1984. 50 S.

32 Helmut Quaritsch: *Einwanderungsland Bundesrepublik Deutschland? Aktuelle Reformfragen des Ausländerrechts.* 1981. 2. Auflage 1982. 92 S. *vgr*

33 Armand Borel: *Mathematik: Kunst und Wissenschaft.* 1982. 2. Auflage 1984. 58 S. *vgr*

34 Thomas S. Kuhn: *Was sind wissenschaftliche Revolutionen?* 1982. 2. Auflage 1984. 62 S. *vgr*

35 Peter Claus Hartmann: *Karl VII.* 1982. 2. Auflage 1984. 60 S.

36 Frédéric Durand: *Nordistik. Einführung in die skandinavischen Studien.* 1983. 104 S.

37 Hans-Martin Gauger: *Der vollkommene Roman: »Madame Bovary«.* 1983. 2. Auflage 1986. 70 S. *vgr*

38 Werner Schmalenbach: *Das Museum zwischen Stillstand und Fortschritt.* 1983. 47 S.

39 Wolfram Eberhard: *Über das Denken und Fühlen der Chinesen.* 1984. 2. Auflage 1987. 48 S.

40 Walter Burkert: *Anthropologie des religiösen Opfers.* 1984. 2. Auflage 1987. 64 S. *vgr*

41 Christopher Freeman: *Die Computerrevolution in den langen Zyklen der ökonomischen Entwicklung.* 1985. 57 S. *vgr*

42 Benno Hess und Peter Glotz: *Mensch und Tier. Grundfragen biologisch-medizinischer Forschung.* 1985. 60 S. *vgr*

43 Hans Elsässer: *Die neue Astronomie.* 1986. 64 S. *vgr*

44 Ernst Leisi: *Naturwissenschaft bei Shakespeare.* 1988. 124 S.

45 Dietrich Murswiek: *Das Staatsziel der Einheit Deutschlands nach 40 Jahren Grundgesetz.* 1989. 56 S. *vgr*

46 François Furet: *Zur Historiographie der Französischen Revolution heute.* 1989. 50 S. *vgr*

47 Ernst-Wolfgang Böckenförde: *Zur Lage der Grundrechtsdogmatik nach 40 Jahren Grundgesetz.* 1990. 86 S. *vgr*

48 Christopher Bruell: *Xenophons Politische Philosophie.* 1990. 2. Auflage 1994. 71 S.

49 Heinz-Otto Peitgen und Hartmut Jürgens: *Fraktale. Gezähmtes Chaos.* 1990. 70 S. *vgr*

50 Ernest L. Fortin: *Dantes »Göttliche Komödie« als Utopie.* 1991. 62 S.

51 Ernst Gottfried Mahrenholz: *Die Verfassung und das Volk.* 1992. 58 S. *vgr*

52 Jan Assmann: *Politische Theologie zwischen Ägypten und Israel.* 1992. 2. Auflage 1995. 122 S. 3., erweiterte Auflage 2006. 138 S.

53 Gerhard Kaiser: *Fitzcarraldo Faust. Werner Herzogs Film als postmoderne Variation eines Leitthemas der Moderne.* 1993. 74 S. *vgr*

54 Paul A. Cantor: *»Macbeth« und die Evangelisierung von Schottland.* 1993. 88 S.

55 Walter Burkert: *»Vergeltung« zwischen Ethologie und Ethik.* 1994. 48 S. *vgr*

56 Albrecht Schöne: *Fausts Himmelfahrt. Zur letzten Szene der Tragödie.* 1994. 40 S. *vgr*

57 Seth Benardete: *On Plato's »Symposium« – Über Platons »Symposion«.* 1994. 2. Auflage 1999. 106 S. mit einer Farbausschlagtafel.

58 Yosef Hayim Yerushalmi: *»Diener von Königen und nicht Diener von Dienern«. Einige Aspekte der politischen Geschichte der Juden.* 1995. 62 S. *vgr*

59 Stefan Hildebrandt: *Wahrheit und Wert mathematischer Erkenntnis.* 1995. 60 S.

60 Dieter Grimm: *Braucht Europa eine Verfassung?* 1995. 58 S.

61 Horst Bredekamp: *Repräsentation und Bildmagie der Renaissance als Formproblem.* 1995. 84 S.

62 Paul Kirchhof: *Die Verschiedenheit der Menschen und die Gleichheit vor dem Gesetz.* 1996. 80 S. *vgr*

63 Ralph Lerner: *Maimonides' Vorbilder menschlicher Vollkommenheit.* 1996. 50 S.

64 Hasso Hofmann: *Bilder des Friedens oder Die vergessene Gerechtigkeit. Drei anschauliche Kapitel der Staatsphilosophie.* 1997. 2. Auflage 2008. 98 S.

65 Ernst-Wolfgang Böckenförde: *Welchen Weg geht Europa?* 1997. 60 S.

66 Peter Gülke: *Im Zyklus eine Welt. Mozarts letzte Sinfonien.* 1997. 64 S.

67 David E. Wellbery: *Schopenhauers Bedeutung für die moderne Literatur.* 1998. 70 S.

68 Klaus Herding: *Freuds »Leonardo«. Eine Auseinandersetzung mit psychoanalytischen Theorien der Gegenwart.* 1998. 80 S.

69 Jürgen Ehlers: *Gravitationslinsen. Lichtablenkung in Schwerefeldern und ihre Anwendungen.* 1999. 58 S. mit 4 Farbtafeln.

70 Jürgen Osterhammel: *Sklaverei und die Zivilisation des Westens.* 2000. 2. Auflage 2009. 74 S.

71 Lorraine Daston: *Eine kurze Geschichte der wissenschaftlichen Aufmerksamkeit.* 2001. 60 S.

72 John M. Coetzee: *The Humanities in Africa – Die Geisteswissenschaften in Afrika.* 2001. 98 S.

73 Georg Kleinschmidt: *Die plattentektonische Rolle der Antarktis.* 2001. 86 S. mit 20 Abbildungen, 16 Farbtafeln und einer Ausschlagtafel.

74 Ernst Osterkamp: *»Ihr wisst nicht wer ich bin« – Stefan Georges poetische Rollenspiele.* 2002. 60 S.

75 Peter von Matt: *Ästhetik der Hinterlist. Zu Theorie und Praxis der Intrige in der Literatur.* 2002. 62 S.

76 Seth Benardete: *Socrates and Plato. The Dialectics of Eros – Sokrates und Platon. Die Dialektik des Eros.* 2002. 98 S.

77 Robert Darnton: *Die Wissenschaft des Raubdrucks. Ein zentrales Element im Verlagswesen des 18. Jahrhunderts.* 2003. 82 S.

78 Michael Maar: *Sieben Arten, Nabokovs »Pnin« zu lesen.* 2003. 74 S.

79 Michael Theunissen: *Schicksal in Antike und Moderne.* 2004. 72 S.

80 Paul Zanker: *Die Apotheose der römischen Kaiser. Ritual und städtische Bühne.* 2004. 86 S.

81 Glen Dudbridge: *Die Weitergabe religiöser Traditionen in China.* 2004. 64 S. und 8 Farbtafeln.

82 Heinrich Meier: *»Les rêveries du Promeneur Solitaire«. Rousseau über das philosophische Leben.* 2005. 68 S.

83 Jean Bollack: *Paul Celan unter judaisierten Deutschen.* 2005. 70 S.

84 Rudolf Smend: *Julius Wellhausen. Ein Bahnbrecher in drei Disziplinen.* 2006. 72 S.

85 Martin Mosebach: *Die Kunst des Bogenschießens und der Roman. Zu den »Commentarii« des Heimito von Doderer.* 2006. 74 S.

86 Ernst-Wolfgang Böckenförde: *Der säkularisierte Staat. Sein Charakter, seine Rechtfertigung und seine Probleme im 21. Jahrhundert.* 2007. 82 S.

87 Marie Theres Fögen: *Das Lied vom Gesetz.* 2007. 140 S.

88 Helen Vendler: *Primitivismus und das Groteske. Yeats' »Supernatural Songs«.* 2007. 88 S.

89 Winfried Menninghaus: *Kunst als »Beförderung des Lebens« – Perspektiven transzendentaler und evolutionärer Ästhetik.* 2008. 70 S.

90 Horst Bredekamp: *Der Künstler als Verbrecher. Ein Element der frühmodernen Rechts- und Staatstheorie.* 2008. 90 S. mit 25 Abbildungen.

91 Horst Dreier: *Gilt das Grundgesetz ewig? Fünf Kapitel zum modernen Verfassungsstaat.* 2009. 128 S. mit 6 Abbildungen.

Außerhalb der Reihe sind erschienen:

1985 – 1995 Carl Friedrich von Siemens Stiftung – Zehnjahresbericht. 1996. 2. Auflage 1999. 144 S. mit 81 Abbildungen.

1995 – 2005 Carl Friedrich von Siemens Stiftung – Zehnjahresbericht. 2005. 174 S. mit 117 Abbildungen.

Notiz zur Zitierweise

Horst Dreier:
Gilt das Grundgesetz ewig?
München: Carl Friedrich von Siemens Stiftung, 2009
(Reihe »Themen«, Bd. 91).

ISBN 978-3-938593-13-4

Carl Friedrich von Siemens Stiftung
Südliches Schloßrondell 23
80638 München

Layout und Herstellung Udo Wiedemann
Druck Mayr Miesbach GmbH

Veröffentlichungen der Carl Friedrich von Siemens Stiftung

Herausgegeben von Heinz Gumin und Heinrich Meier

Heinrich Meier, Gerhard Neumann (Hg.)

Über die Liebe

Ein Symposion

München, Piper, 2000. 4. Auflage 2009. Serie Piper 3233
352 Seiten mit 10 Abbildungen. € 9,90 (D)

Gerhard Neumann
Lektüren der Liebe

Helen Fisher
Lust, Anziehung und Verbundenheit
Biologie und Evolution der menschlichen Liebe

Karl-Heinz Kohl
Gelenkte Gefühle
Vorschriftsheirat, romantische Liebe und Determinanten der Partnerwahl

Jean Starobinski
Fêtes galantes
Geburt und Niedergang einer Utopie der Liebe

Seth Benardete
Sokrates und Platon
Die Dialektik des *Eros*

Walter Haug
Tristan und Lancelot
Das Experiment mit der personalen Liebe im 12./13. Jahrhundert

Kurt Flasch
Liebe im *Decameron* des Giovanni Boccaccio

Peter von Matt
Versuch, den Himmel auf Erden einzurichten
Der Absolutismus der Liebe in Goethes *Wahlverwandtschaften*

Ulrich Pothast
Liebe und Unverfügbarkeit

Heinrich Meier
Epilog: Über Liebe und Glück

Heinrich Meier

Das theologisch-politische Problem

Zum Thema von Leo Strauss

VERLAG
J.B. METZLER

Zur Kritik der Politischen Theologie
und zur Begründung der
Politischen Philosophie

Heinrich Meier

Die Lehre Carl Schmitts

Vier Kapitel zur Unterscheidung Politischer Theologie und Politischer Philosophie

Dritte Auflage. Mit einem Rückblick: Der Streit um die Politische Theologie
2009. 304 Seiten, engl. brosch., € 19,95
ISBN 978-3-476-02314-8
(Englisch bei University of Chicago Press 1998; Chinesisch 2004; Französisch bei Les Editions du Cerf 2010; Polnisch in Vorbereitung)

Carl Schmitt ist der bekannteste und umstrittenste Vertreter der Politischen Theologie in neuerer Zeit, das heißt einer Politischen Theorie, die den Anspruch erhebt, auf den Glauben an die göttliche Offenbarung gegründet zu sein. *Die Lehre Carl Schmitts* hat zusammen mit dem Zwillingsbuch *Carl Schmitt, Leo Strauss und »Der Begriff des Politischen«* die internationale Debatte über Carl Schmitt und die Politische Theologie auf eine neue Grundlage gestellt. Durch die Herausforderung des politisch-religiösen Radikalismus sind Meiers Studien »schlagartig aktuell geworden« (Der Spiegel). Die dritte Auflage ist um einen langen Essay erweitert, in dessen Mittelpunkt die Begegnung Schmitts mit Blumenberg steht.

»Nach meiner Auffassung, auch aus vielen persönlichen Gesprächen mit Carl Schmitt, sprechen gute Gründe dafür, sich die Deutung von Heinrich Meier zu eigen zu machen.«

E.-W. Böckenförde in Frankfurter Allgemeine Zeitung

Zum Autor

Heinrich Meier leitet die Carl Friedrich von Siemens Stiftung in München und ist Honorarprofessor für Philosophie an der Universität München. Georges Lurcy Professur des Jahres 2000 der University of Chicago. Gastprofessor am Boston College 2003. Seit 2008 lehrt er außerdem als ständiger Gastprofessor am Committee on Social Thought der University of Chicago.

Friedrich Wilhelm Graf, Heinrich Meier (Hg.)

Der Tod im Leben

Ein Symposion

München, Piper, 2004. 3. Auflage 2009. Serie Piper 4271
352 Seiten mit 6 Abb. € 12,90 (D)

Friedrich Wilhelm Graf
Todesgegenwart

Ernst Tugendhat
Unsere Angst vor dem Tod

Jean-Claude Schmitt
Der Historiker, der Tod und die Toten

Norbert Schneider
Zeig mir das Spiel vom Tod
Sterben, Tote und Tod im Fernsehen und in ausgewählten Kinofilmen

Peter Gülke
»Senkrecht auf der Richtung vergehender Herzen«
Musik als Paradigma bejahter Vergänglichkeit

Peter von Matt
Tod und Gelächter
Der Tod als Faktor des Komischen in der Literatur

Christopher Bruell
Der Tod aus der Sicht der Philosophie

Peter H. Krammer
Kein Leben ohne Tod

Philippe Descola
Mit den Toten leben

Axel Michaels
Wohin mit den Ahnen?
Totenritual und Erlösung in indischen Religionen

Hans Ulrich Gumbrecht
Die Zukunft unseres Todes

Heinrich Meier
Epilog: Über Leben und Tod

Heinrich Meier (Hg.)

Über das Glück
Ein Symposion

München, Piper, 2008. Serie Piper 5304
295 Seiten mit 5 Abb. € 9,95 (D)

Heinrich Meier
Prolog – Über das Glück

David E. Wellbery
Prekäres und unverhofftes Glück
Zur Glücksdarstellung in der klassischen deutschen Literatur

Ulrich Pothast
Glück und Unverfügbarkeit

Norbert Schwarz
Intuitive Annahmen über das glückliche Leben – und warum wir so wenig aus der Erfahrung lernen

Karl-Heinz Kohl
Der glückliche Wilde
Imagination oder Realität?

Peter von Matt
Glück als Ziel des Weltalls und der Literatur

Camille Paglia
Agonie und Ekstase
Das flüchtige Glück des abendländischen Künstlers

Lorraine Daston
Monomanie in der Wissenschaft

Christopher Bruell
Das Glück aus der Sicht der Philosophie

Heinrich Meier
Epilog – Über Glück und Unglück